LE TRÈS HONORÉ

Frère JOSEPH

SUPÉRIEUR GÉNÉRAL

de l'Institut des Frères des Ecoles chrétiennes

(1823-1897)

OUVRAGES DE LA MÊME SÉRIE

Grand in-8°, de 160 pages.

Une Héroïne chrétienne sous la Terreur.

Paysans et Ouvriers (*Héros et Martyrs*).

Les Aveugles célèbres.

Gerbe d'Histoires, *offerte à la Jeunesse chrétienne.*

Son Eminence le Cardinal Mermillod.

Frédéric Ozanam.

Frères et Sœurs.

Dévouement.

La Madone de Campocavallo.

Lacordaire.

Sous le ciel d'Afrique. — *Récits d'un Missionnaire.*

Montalembert.

Berryer.

Légendes Chrétiennes de tous pays.

Histoire d'un vieux Soldat.

Le Très Honoré Frère Joseph.

LE TRÈS HONORÉ

Frère JOSEPH

SUPÉRIEUR GÉNÉRAL

de l'Institut des Frères des Ecoles chrétiennes

(1823-1897)

Par Jean LAUR

ABBEVILLE
C. PAILLART, IMPRIMEUR-ÉDITEUR

1898

AVANT-PROPOS

Chers jeunes gens qui avez eu le bonheur de recevoir une éducation chrétienne et qui, les etudes achevées, arrivez au moment décisif de l'entrée dans la vie, — c'est à vous, les aînés de la famille, que sont dédiées ces pages.

Après les solides enseignements, après les precieux conseils, l'heure de l'action est venue ; il vous faut aujourd'hui faire usage de vos forces,

Descendre en la mêlée, et montrer qui vous êtes.

Certes, votre ardeur n'apprehende pas le combat ; pour marcher à l'ennemi vous avez les armes qui décident de la victoire : la vertu et l'amour du travail. En apparence, il suffit, pour triompher, de suivre la voie qui s'ouvre large devant vous...

Et cependant, comment se fait-il que vos maîtres ne suivent vos pas qu'avec un serrement de cœur ?... Cette tristesse, je le sais, est faite du regret bien légitime qui s'attache à tout départ ; mais un autre sentiment ne vient-il pas s'y ajouter ?... A cette inquiétude présente ne se mêle-t-il pas une crainte mal définie, une appréhension vague de l'avenir, une frayeur innommée en face d'un horizon mystérieux ?...

Oui, chers jeunes gens, voilà l'angoisse bien connue des cœurs de ceux qui vous aiment et qui ont guidé vos premiers pas : et plus leur affection est éclairée par les leçons de l'expérience, plus leur inquiétude prend d'alarmantes proportions...

Ah ! ce qu'ils en ont connu, d'adolescents, aimables, bons, vertueux comme vous l'êtes, et qui cependant quelques années, quelques mois après...

Mais non, à quoi servirait de vous attrister, de vous décourager peut-être ? Non, jeunes amis qui lisez ces lignes, vous serez toujours ce que vous êtes, parce que toujours vous vous rappellerez l'enseignement donné, et surtout parce que toujours vous reviendrez au nid qui a réchauffé votre enfance.

C'est pour vous prêcher cet esprit de retour que ce livre a été composé : vous y verrez la vie d'un grand éducateur, passionné pour vos âmes, maître en son art ; vous y verrez ce qu'il a fait pour vous et pour ceux qui vous ont précédés dans la vie...

Au contact de ce grand cœur, vous apprécierez encore mieux le bienfait de votre éducation chrétienne, et comprendrez l'importance de ces Œuvres de Jeunesse *qui en sont le complément obligatoire.*

Sous quelque forme qu'elle se présente, — Cercle, Patronage, Conférence de charité, pieuse Association, — *l'Œuvre de Jeunesse est aujourd'hui la sauvegarde indispensable de votre vertu, réelle mais fragile.*

Vous y trouverez des maîtres comme le Frère Joseph ou des disciples héritiers de son esprit; vous jouirez du charme de leur société, des conseils de leur expérience, et la persévérance, — autrement si aventuree — vous deviendra facile.

Puisse la lecture de ce livre ecrit pour célébrer la mémoire de l'un des plus grands éducateurs de notre XIXe *siècle, puisse l'histoire des œuvres qu'il fonda — et encore plus les nombreuses lettres qu'il écrivit à des jeunes gens comme vous, — développer dans vos âmes a défiance de vous-mêmes et le désir d'aller abriter votre jeunesse sous l'une de ces égides salutaires qu'on appelle* Œuvres de Persévérance.

Décembre 1897.

J. L.

Le Très Honoré Frère JOSEPH

Supérieur général de l'Institut des Frères des Ecoles chrétiennes

(1823-1897)

CHAPITRE PREMIER

Joseph Josserand

Sa Famille. — L'Ecole de la rue du Chambon.

I

PAR un mystérieux dessein de la Providence, il était réservé à ce catholique pays du Forez qui a donné à l'Institut des Frères des Ecoles chrétiennes tant d'éducateurs de premier ordre, de lui fournir encore une nouvelle illustration en la personne de l'éminent et très honoré Frère Joseph.

Celui qui, pendant soixante ans, porta ce nom aujourd'hui célèbre, s'appelait dans le monde Joseph-Marie Josserand et vit le jour au département de la Loire, comme son illustre prédécesseur le Frère Philippe.

Sa famille, humble et pauvre des biens de ce monde, était originaire de Bourg-d'Oisans, dans l'Isère.

De là les Josserand étaient venus s'établir, d'abord à Rochetaillée, puis à Saint-Etienne. C'est là que naquit Joseph-Marie, au numéro 33 de la rue Saint-Roch (1).

Dans cette famille aux mœurs simples et patriarcales, on travaillait ferme, mais on aimait Dieu, on observait sa loi et on vivait longtemps. Le grand-père de Joseph avait traversé la sinistre période de la Révolution, donnant à tous l'exemple de sa foi robuste, et ce n'est qu'après avoir atteint l'âge de quatre-vingt-neuf ans qu'il était allé recevoir la récompense céleste.

Héritier de ses qualités morales et physiques, son fils, le père de Joseph-Marie, portait encore vaillamment ses quatre-vingt-six ans, quand il mourut le 22 janvier 1872.

En dépit de sa condition modeste, ce vieillard octogénaire qui n'avait toujours été qu'un simple artisan, méritait, par son rare bon sens et ses vertus solides, l'honneur de donner le jour à l'homme distingué qui fut son fils.

Il y avait chez cet homme du peuple une élévation de pensées, une délicatesse de sentiments, une dignité d'attitude et de procédés qui ravissaient. Aussi à sa mort le Frère Joseph lui rendra-t-il le témoignage suivant :

« ...Cette perte est un cruel déchirement pour mon cœur, car j'éprouvais pour mon père un amour filial qui atteignait les proportions d'un culte... Dans mes souvenirs de fils, *je cherche en vain une parole, un acte où mon père ait été au-dessous de l'idéal d'un homme droit, sensé, absolument oublieux de lui-même, esclave de son devoir jusqu'à la minutie.* »

Pour apprécier la valeur de ce précieux éloge, il faut songer qu'il s'échappe des lèvres d'un fervent religieux ; mais, au reste, si les paroles ne suffisent pas, considérons les actes.

(1) *Mémorial de Saint-Etienne.*

Dans les premiers jours de l'année 1872, le vieillard est à son lit de mort ; il y a longtemps, bien longtemps qu'il n'a vu son Joseph, sa joie et son orgueil. Aux heures de son adolescence, il l'a donné à Dieu, non sans amertume peut-être mais cependant d'un cœur généreux. Jamais depuis, — si, une seule fois, — il n'a eu d'arrière-pensée sur son sacrifice. Voilà bientôt cinquante ans que l'enfant a quitté le foyer domestique ; depuis il est devenu un homme, un savant, un homme de Dieu ; il est un des premiers de son Institut, il est Visiteur de Paris. C'est à peine s'il est venu quelques fois à Saint-Etienne, et repassant la vie disparue, le vieillard se dit qu'il voudrait bien revoir son Joseph une dernière fois, il voudrait mourir entre ses bras : n'est-ce pas à lui au reste de lui fermer les yeux ?...

Et alors les lèvres du moribond s'entr'ouvrent pour réclamer son fils :

« Qu'il vienne ! oui, qu'il vienne vite !... »

Puis, cependant, le chrétien réfléchit ; il ajoute attristé mais résigné :

« Non... il a des affaires qui le retiennent, et je ne veux pas qu'il les quitte ! »

Sublime héroïsme que le monde ne comprend pas et qu'il taxe de barbarie !...

Mais le sacrifice doit avoir son contre-coup dans le cœur du fils.

« ...Je ne les ai pas quittées, mes affaires !... écrit quelques jours plus tard le Frère Joseph accablé sous son deuil ; et mon père est mort sans que je reçoive sa bénédiction !... et ce n'est pas moi qui lui ai fermé les yeux !... »

On sent tout ce qu'il y a de douleur et d'angoisses dans cette constatation terrible, mais le cœur du religieux garde à sa portée les suprêmes consolations, les seules qui rendent possibles les grands sacrifices :

« ...Ce matin, à dix heures, ajoute-t-il, j'étais prosterné dans une église de Paris, devant le Saint-Sacrement exposé, pendant que l'on portait en terre les restes inanimés de mon père. »

Et cependant le Frère Joseph, pour réaliser le désir de son cœur, n'eût eu qu'à solliciter une permission qui ne lui eût pas été refusée : mais le bien de son Institut en eût souffert et le fils d'un tel père crut plus utile à l'âme de celui qu'il aimait, d'offrir à Dieu son sacrifice avec ses larmes et ses prières.

Il se consola en parlant de lui avec les Frères de sa famille religieuse pour le profit desquels il avait agi :

« Comme le souvenir de mon père me confond !... Lui, sans instruction, sans loisirs, ayant travaillé jusqu'à l'âge de quatre-vingt-trois ans !... et moi, n'ayant jamais eu qu'à jouir des mille avantages de l'éducation et des bienfaits religieux dont est composée mon inutile vie !... Au milieu de mes regrets, il y a une indicible consolation ; aveuglé comme bien d'autres sur ma valeur de cœur, d'esprit et d'âme, mon vénérable père était fier de moi. Maintenant il va m'apprécier à ma juste valeur, mais sa tendresse n'en sera que plus excitée à m'obtenir les grâces divines. Je sens une confiance intime dans son influence sur mon amélioration morale, et ce que ses exemples n'ont pas fait, son intercession va me l'obtenir du bon Dieu ; je serai ainsi doublement son fils, par l'âme et par le sang... »

II

Issu d'un tel père, Joseph Josserand révéla de bonne heure le trésor des qualités précieuses reçues en héritage.

A sept ans, il franchit pour la première fois l'école des chers Frères qu'il ne devait plus quitter. Comme il dut battre, ce cœur d'enfant, en pénétrant dans ce sanctuaire où allait se consumer toute son existence ! Quelle émotion il ressentit, en s'initiant à cette vie nouvelle pour laquelle il était fait !...

Bientôt pour Joseph, l'école de la rue du Chambon devint

Il enseignait le catéchisme à des enfants pauvres.

un nouveau foyer domestique ; il s'y trouvait aussi à l'aise qu'à la maison paternelle. En effet, on l'y choyait ; toutes les faveurs étaient pour lui, car « il y tint toujours le premier rang pour le savoir et pour la piété (1). »

Le Frère Joseph n'a jamais connu d'autres maîtres que « ses bien-aimés » Frères des Ecoles chrétiennes ; c'est dans cette école primaire de la paroisse Saint-Louis que, de 1830 à 1836, il acquit toutes les connaissances rudimentaires qui devaient faire la base de sa remarquable science pédagogique. Ainsi, par une disposition spéciale de la Providence, ayant tout reçu de cet Institut, il lui rendra au centuple les leçons de sa naïve enfance.

En lui, dans le langage, dans la tenue, pas de bassesse, pas de vulgarité, de la dignité toujours. Dès son enfance, il était tel; son innocence répandait ses parfums et inspirait le respect. Avant de partir pour le petit noviciat de Paris, âgé de dix à douze ans, il servait la messe chaque matin dans une communauté religieuse. Une des Sœurs, on a conservé ce souvenir, dit après son départ : « Nous avons perdu notre petit enfant de chœur, nous le regretterons longtemps ; il était angélique, un vrai saint Louis de Gonzague ! »

Il n'y avait pas trois ans que ce futur maître était devenu disciple, que déjà il éprouvait le besoin d'épancher sur les autres la science qu'il s'était assimilée. On raconte qu'à l'âge de dix ans, il se rendait rue Polignais, à ses heures de loisir, pour y enseigner le catéchisme à des enfants pauvres réunis chez une personne zélée, Mademoiselle Matrat.

Et celui qui rapporte ce souvenir ajoute : « Les *vieux gagas* de la rue Polignais n'ont pas oublié, l'ayant appris eux-mêmes de leurs parents, le succès qu'obtenait cet apôtre de dix ans, dans l'enseignement du catéchisme à des enfants dépourvus d'instruction. »

Tant qu'il resta à Saint-Etienne, Joseph Josserand pour-

(1) *Le Très Honoré Frère Joseph, Supérieur Général,* notice biographique publiée par les soins de la Maison-Mère.

suivit ses fonctions de catéchiste avec le même zèle, toujours aux dépens de ses heures de congés.

Une telle générosité était évidemment la marque d'une vocation bien déterminée : l'enseignement avait un secret attrait pour cette nature et la piété que l'enfant mettait à s'acquitter de sa tâche faisait présager qu'un jour il continuerait la mission de ses maîtres. C'était du moins l'avis du Frère Raintran (1) et du Frère Vénérand (2) successivement premiers maîtres de l'école de la rue du Chambon.

Ce dernier surtout prit à tâche de cultiver dans l'âme de son élève les germes précieux qu'il y trouvait déposés : veillant avec un soin jaloux sur cette plante de choix, il déploya tous les efforts pour la mettre à l'abri des souffles pernicieux qui, aux heures de l'adolescence, deviennent si facilement funestes.

Hôte presque constant des chers Frères, Joseph ne se plaisait que dans leur compagnie et s'initiait déjà aux pratiques secrètes de leur vie religieuse. Aussi, dès le printemps de l'année 1836, cet enfant, de treize ans à peine, fut jugé digne de faire partie du petit noviciat que le Frère Philippe venait de fonder à Paris.

Quand Joseph apprit la nouvelle de son admission dans cette demeure choisie, sa joie fut d'abord bien grande ; ne considérant que l'objet de sa pieuse ambition, il n'avait pas songé qu'il lui fallait dire adieu à un père, à une mère tendrement aimés, pour s'en aller bien loin du foyer paternel qu'il ne reverrait peut-être jamais.

(1) Le Frère Raintran était jeune encore lorsqu'il fit la classe à Joseph Josserand. Il était à Saint-Etienne depuis 1827. Dix ans plus tard il fut nommé Directeur à Châlons-sur-Saône, puis à Riom et à Brives. Il revint à Saint-Etienne terminer sa carrière, à l'âge de soixante-dix ans, dans l'humble office de portier du pensionnat; il mourut le 7 novembre 1876.

(2) Le Frère Vénérand mourut le 26 mai 1861, dans la communauté de Vaise, à Lyon, après quarante-trois ans d'apostolat.

Maintenant la réalité se présentait avec ses dures exigences et les larmes coulaient de ses yeux, mais sans ébranler sa résolution. Déjà la grâce savait en cet enfant imposer silence à la nature. La scène était cependant bien touchante ; lui-même l'a racontée plus tard :

« Lorsqu'en mai 1836, dit-il, âgé seulement de treize ans, j'embrassais ma pauvre mère en larmes pour venir à Paris faire mon noviciat, j'étais plaint par une foule de personnes qui déploraient ce qu'elles appelaient une erreur pitoyable... »

Le monde, en effet, n'a jamais rien compris au sacrifice que Dieu impose à ses élus : Joseph Josserand, s'arrachant aux embrassements des siens, pouvait laisser derrière lui quelques jouissances terrestres, il allait en recevoir une large compensation. En partant pour Paris, il obéissait à la voix divine et par conséquent marchait au bonheur et presque à la gloire.

Ce jour béni ne s'effaça jamais de sa mémoire, et jamais surtout dans sa longue et pénible carrière il ne regretta — « même une seconde » — la détermination de ses treize ans.

« Sans doute, écrira-t-il plus tard à l'âge où l'homme, parvenu au sommet de son existence, peut jeter un coup d'œil calme et serein sur les années parcourues, sans doute j'ai rencontré sur mon chemin des épreuves et des contrariétés. »

« Parfois, dit-il encore dans la belle langue imagée qui lui est si naturelle, les épais nuages de la souffrance ont voilé le soleil de ma vie, mais la certitude d'être à Dieu, la conscience de ne vouloir que mon entier dévouement à son service, le bonheur de me sacrifier pour les âmes, et par-dessus tout l'espoir de *tout retrouver* dans l'éternité, tout cela chassait bien vite l'obscurité et ramenait le calme dans mon cœur. »

Le jeune Joseph partait donc joyeux et content : après un dernier adieu, un dernier baiser de ceux qu'il aime, il monte dans la vieille diligence qui l'emmène à Paris. Déjà la voiture s'éloigne et dérobe à sa vue les êtres et les choses, Joseph a dit pour toujours adieu aux siens ; il ne lui reste plus que Dieu et son cher Frère Vénérand, qui l'accompagne jusqu'au noviciat.

Alors l'enfant comprend toute l'étendue de son sacrifice et une larme vient mouiller sa paupière ; mais bientôt un souvenir lui monte au cœur et lui donne du courage. C'est la suprême parole de sa mère, en le serrant dans ses bras pour la dernière fois, qui lui revient en mémoire :

« — Va, mon enfant, lui a-t-elle dit avec cette assurance prophétique dont les mères chrétiennes ont seules l'intuition, va, mon Joseph, et fais-toi aimer ! »

Ce programme maternel, toute la vie du Frère Joseph va le réaliser.

CHAPITRE II

Le Jeune Novice

Son Ardeur à l'étude. — Sa Ferveur.

I

Après un long et pénible voyage, le Frère Vénérand et son jeune compagnon arrivaient au faubourg Saint-Martin et frappaient à la porte de la maison-mère des Frères des Ecoles chrétiennes, qu'on appelait alors maison du Très Saint Enfant Jésus.

Là, quelques mois auparavant, un des Assistants de l'Institut avait eu l'heureuse pensée de reprendre un des désirs du Bienheureux de la Salle et de fonder un petit noviciat pour les enfants tout jeunes qui se destinaient à continuer l'œuvre de leurs maîtres mais avaient besoin d'étudier leur vocation. Le Frère Philippe, — c'était le nom du fondateur, — n'avait pas encore acquis l'auréole de popularité qui devait s'attacher à sa personne ; mais déjà très apprécié dans sa famille religieuse par ses hautes qualités morales, distingué par l'Université pour sa science et son savoir-faire, il avait la réputation d'un maître au coup d'œil sûr.

Son regard profond pénétra bien vite jusqu'au plus intime de l'âme de l'enfant qui lui était présenté, venant d'un pays qu'il connaissait et qu'il aimait bien ; il vit le front pur de Joseph Josserand, son œil timide mais vif et intelligent, et aussitôt une secrète sympathie s'établit entre le maître et le disciple. Le premier donna ses conseils, sa science et son dévouement; l'enfant y répondit par sa docilité et son admiration, et ces premières relations furent l'origine de l'une de ces respectueuses et inaltérables amitiés que la mort seule peut rompre.

A peine ouvert depuis quelques mois, le petit noviciat ne comptait alors que les quinze ou vingt élèves que le zèle du Frère Philippe avait su découvrir : c'était le grain de sénevé de l'Evangile, modeste en ses proportions, mais appelé à devenir le grand arbre sous les branches duquel les oiseaux de Dieu allaient venir chercher asile.

Comme à l'école de la rue du Chambon, Joseph Josserand ne tarda pas à prendre la tête de ses nouveaux concurrents : plus jeune que la plupart d'entre eux et cependant plus grave et surtout plus instruit, il les devança tellement, que bientôt il fut chargé de donner aux moins avancés les leçons rudimentaires.

Quelque honorable que fût cette fonction, il semble qu'elle avait ses dangers pour un jeune novice, admis à en remontrer à ses égaux et même à ses aînés. Mais l'esprit de douceur et de modestie du jeune maître put bientôt rassurer toutes les hésitations de ses supérieurs.

Cette situation, au reste, n'empêchait pas Joseph Josserand d'être le plus aimable des condisciples et le plus entouré dans la cour de récréation : on allait à lui naturellement. Déjà, comme l'avait souhaité sa mère en larmes, déjà Joseph savait se faire aimer.

Ce n'était pas seulement l'affection qui allait à cet adolescent; c'était l'estime, c'était une sorte d'admiration respectueuse, qui se réserve habituellement pour un âge plus avancé.

Ecoutons le témoignage de ses anciens camarades :

« C'était dans les premiers mois de 1837, dit l'un d'eux ; assis à ses côtés je me le représentais comme un vrai Louis de Gonzague. Jamais je n'ai pu jeter les yeux sur lui sans me dire : « Le bon Dieu a certainement de grandes vues sur Joseph Josserand. »

Déjà à cette époque sa manière de donner la leçon saisissait tous les regards.

« Je me souviens, dit un vétéran de cette époque, que deux vénérables vieillards aimaient à venir fréquemment y assister avec nous : c'étaient le respectable Frère Vivien et le vénéré Frère Conteste. Assurément la dignité de ces deux doyens de l'Institut ne laissait pas d'attirer notre attention, mais quant à moi je ne pouvais m'empêcher de porter mes regards sur notre jeune professeur. »

A cette époque on avait l'habitude d'appeler le Fondateur de la Congrégation : « M. de la Salle » ou bien « notre vénéré Fondateur » ; il fallait entendre, raconte un témoin, avec quel respect le pieux Joseph Josserand prononçait, de sa voix claire et distincte, le nom de notre Bienheureux Père !

Il se sentait déjà vraiment l'enfant de celui qu'il s'était donné pour modèle.

II

Mais à l'école du Bienheureux de la Salle, l'aptitude et le zèle pédagogiques ne sont qu'une partie des qualités nécessaires d'un bon maître. Avant d'être un brillant professeur, celui-ci doit être un fervent religieux. Voilà surtout ce que Joseph Josserand s'était dit, en entrant à la maison du faubourg Saint-Martin.

Il n'avait pas perdu de vue sa résolution, et dans ses efforts de chaque jour le travail de l'esprit cédait toujours le pas à la formation du cœur. Ce petit novice de quatorze à quinze ans scrutait son âme et engageait la guerre avec ses défauts, comme un vieux religieux blanchi dans les luttes spirituelles.

Ravi de tant de générosité et de ce désir de perfection, Dieu donnait à l'adolescent les douceurs et les consolations que seules connaissent les âmes fidèles. Aussi pour lui les heures les plus heureuses de la journée étaient celles qui étaient consacrées aux exercices religieux.

L'oraison, — cet exercice souvent si pénible même pour les hommes habitués à la réflexion, — lui était particulièrement chère ; il est vrai que la méthode en était proportionnée à l'âge de ces enfants. Chacun, à son tour, devait la faire oralement : et si plus d'un restait à court, embarrassé d'exprimer des pensées qui ne lui étaient pas assez familières, Joseph Josserand, dont la fertilité d'esprit était aidée par l'ardeur du cœur, trouvait dans cette épreuve un véritable triomphe.

Certains anciens se rappellent encore avec quelle ardeur

un soir, à la veille d'une grande fête, le petit novice s'écria dans un élan d'amour :

« — Oh! quel bonheur! moi, demain, je pourrai dire comme saint Paul : « Non, non, ce n'est plus moi qui vis, c'est Jésus qui vit en moi ! »

Ces paroles furent prononcées avec une telle onction, que tous les auditeurs en restèrent dans l'admiration. Le bruit de cette scène se répandit parmi les vieillards de la communauté, et on raconte qu'à partir de ce moment plusieurs s'informaient du jour où le petit Joseph devait faire l'oraison à haute voix, pour se procurer le plaisir de venir prêter l'oreille à la porte de la salle où avait lieu l'exercice.

Le tour revenait assez fréquemment, et nous savons qu'un soir, la veille de la fête de l'Assomption, en 1837, sa dévotion envers Marie lui inspira de si ardents désirs qu'il provoqua les larmes de ses jeunes condisciples.

« Vers la fin de sa méditation, raconte le témoin de cette scène, il adressa à la Très Sainte Vierge montant au ciel un adieu des plus touchants, qu'il termina par une prière, conjurant cette bonne Mère de ne point abandonner ses enfants, mais de les protéger sans cesse. Quelque éloignée que soit la date de cette circonstance, ajoute le narrateur, j'en garde si vivement le souvenir que, chaque année, la veille de l'Assomption, je me sens encore excité comme en ce jour d'heureuse mémoire. »

C'est dans l'enivrement de ces merveilleuses aspirations que s'écoula pour Joseph Josserand le temps consacré au noviciat. Absorbée dans l'œuvre de sa formation intellectuelle et morale, son âme était devenue étrangère à tous les vains bruits du monde. Quelquefois seulement, aux heures de prière, sa pensée s'envolait là-bas, vers la rue Saint-Roch, dans la cité laborieuse où la famille travaillait sans relâche; alors Joseph demandait à Dieu de bénir et de protéger ceux qu'il aimait toujours et dont il restait toujours le fils dévoué.

N'allons pas croire en effet, sous l'impression des affirmations mensongères de certains écrivains hostiles, que le service de Dieu dessèche le cœur et tarit dans les âmes la source des sentiments délicats. A Paris comme à Saint-Etienne, au noviciat des Frères comme au foyer domestique, Joseph aimait et vénérait les siens ; et s'il ne les aidait pas dans leurs labeurs de son travail manuel, ses prières ardentes leur attiraient d'en-haut des grâces plus précieuses encore.

Au reste, les lettres du jeune novice venaient souvent apporter la joie et la gaieté au numéro 33 de la rue Saint-Roch : Joseph n'était donc pas perdu pour ses bien-aimés parents. Au contraire il était toujours leur fils le plus cher, leur espérance et leur orgueil ; et c'est ce que ces braves gens redisaient au jeune novice en lui répondant de persévérer dans sa vocation.

Un jour cependant une mauvaise nouvelle vint troubler la paix du fervent postulant ; on lui écrivait du pays que son frère venait d'être emporté par une maladie soudaine et privait son père de son plus ferme appui en son travail. Egaré par sa douleur, l'artisan en effet semblait dire que, par ce coup imprévu, Joseph devenait indispensable au foyer domestique.

A la pensée de quitter la voie où l'avait attiré la Providence et qui était évidemment la sienne, le jeune novice éprouva un frisson dans tout son être. Eh quoi ! Dieu allait-il lui demander un pareil sacrifice !...

Accablé par cette pensée, Joseph se rendit près de la statue de son Bienheureux Père et maître de la Salle, et le supplia d'intervenir auprès de Dieu pour ramener le calme en son âme affolée.

Le lendemain arrivait une nouvelle lettre de Saint-Etienne qui annonçait que le père avait changé d'avis et laissait son fils poursuivre en paix sa carrière. Le brave homme y avait été déterminé par une démarche de sa fille qui, prenant le parti de Joseph, lui avait dit :

« — Père, qu'allez-vous faire? Rappeler Joseph, ce n'est pas possible ! Non, laissez-le suivre sa vocation et moi, si vous voulez, je prends l'engagement de ne jamais me marier et de rester toujours avec vous pour vous servir. »

Chez les Josserand on n'avait pas peur du sacrifice ; l'héroïque fille tint parole, soigna toute sa vie son vieux père et mourut elle-même, après avoir accompli sa tâche, à l'âge de soixante-treize ans.

Le novice put donc poursuivre en toute sécurité l'œuvre entreprise : ce fut la seule alerte dans le calme de son noviciat. Quelques mois plus tard il prenait l'habit qui ne devait plus le quitter et recevait le nom de Frère Joseph.

Ce nom qui, par une heureuse coïncidence, était aussi celui de son baptême, il devait l'illustrer.

CHAPITRE III

Premières années d'Enseignement

L'Ecole Saint-Merri. — Méthode du Frère Joseph.

I

ES premiers pas dans une carrière ont toujours une importance capitale : aux yeux des hommes perspicaces, ils révèlent habituellement la conduite d'une vie entière. Le Frère Joseph n'échappa pas à cette loi.

Le voici ce jeune professeur qui, à l'aurore de ses seize ans, prend contact pour la première fois avec ses élèves. Il a vraiment grand air; sa taille est élancée, son maintien digne, ses manières distinguées quoique dépourvues de cette affectation qui ne sied qu'aux allures mondaines. Son regard doux et profond « habitué déjà à ne se fixer que sur le tabernacle et les pieux objets propres à élever son âme, son regard révèle bien plus ses dispositions à la bienveillance que l'inquiète curiosité naturelle à cet âge, où l'intelligence, avide de connaître, s'ouvre à tout ce qui lui paraît nouveau et attrayant (1). »

(1) *Notice nécrologique*, p. 18.

Cette dignité, tempérée par un doux sourire, attire autour de lui tout un essaim d'enfants, qui devinent en ce jeune homme le maître et l'ami de leurs âmes.

Nous sommes en plein quartier Saint-Merri, à la petite classe : c'est le poste que le Frère Philippe a choisi pour les débuts de son disciple privilégié. Les enfants sont nombreux, éveillés, turbulents ; le champ est vaste et digne des premières armes de ce soldat d'élite.

Celui-ci préparé par un long séjour à l'école de la rue du Chambon, plus encore par ses études au noviciat, et surtout enfin par ses surprenantes aptitudes pédagogiques, ne se trouve nullement gêné au milieu de ce petit peuple. Il se sent chez lui et manœuvre avec l'habileté d'un vieux capitaine.

Pénétré des instructions de son Bienheureux Fondateur, docile aux avis de ses supérieurs, il marche avec assurance et n'agit qu'à coup sûr. Etranger à toutes les hésitations et à toutes les fausses manœuvres des débutants, on voit au bout de quelques mois sa classe marcher comme sous les ordres du maître le plus expérimenté.

Tous ses élèves, dociles et tenus solidement en garde contre la paresse, aiment et respectent leur professeur ils obtiennent au bout de l'année des résultats qui s'imposent à tous les yeux.

Appréciant de tels succès, les supérieurs appellent alors le Frère Joseph à la direction d'une classe moyenne et, en 1842, c'est lui qui est chargé de la grande classe dans ce même quartier Saint-Merri.

Le Frère Joseph n'a que dix-neuf ans : à peine quelques années le séparent de ses élèves plus âgés, mais il les domine de toute l'influence du maître le plus écouté et le plus aimé. Le bon ordre et le travail règnent dans la classe : non seulement les avis de celui qui la dirige s'adressent à l'intelligence des élèves, ils ont aussi pour but la formation de leur cœur. Aussi le succès se manifeste sur toute la ligne.

Ecoutez plutôt : voici le cher Frère Jean l'Aumônier qui, en sa qualité de visiteur, vient d'inspecter l'école et sort ravi de ce qu'il a vu ; il s'en va répétant à tous :

« Ah ! les élèves du Frère Joseph !... ils sont pieux comme des anges !... »

II

Il ne faudrait pas croire cependant que l'heureux Frère fît des miracles et se trouvât en face d'une situation privilégiée ; non, à la grande classe de Saint-Merri, comme dans toutes les écoles, il y avait des paresseux, des entêtés, des indisciplinés. Il y avait des enfants que le travail ou l'obéissance effrayait et à qui la subordination coûtait de longs efforts, mais ces élèves entendaient une parole de reproche si douce et si grave, ils avaient sous les yeux l'exemple d'une tenue si digne et si modeste que plus aisément la vertu leur devenait familière.

Ah ! heureux enfants que la Providence a destinés à recevoir l'enseignement de maîtres chrétiens, bien plus, de maîtres dévoués à Dieu, remerciez le Ciel du bienfait qu'il vous a accordé. Pour vous le but à atteindre n'est pas un idéal chimérique qu'on vous montre dans un lointain mirage, mais qui ne se laisse jamais approcher. Là, dans le milieu où vous êtes placés, vous n'avez qu'à prêter l'oreille et qu'à ouvrir les yeux pour avoir le spectacle de la vertu qu'on vous prêche et vous rendre à ses avis.

Habile éducateur, le Frère Joseph prêchait ses enfants de parole et d'exemple.

N'attendant pas pour agir le moment de la rép
il prévient le mal, multiplie les avis, encourage
lants, stimule les faibles, relève les délinquants, et

haleine toute sa petite armée. Récompenses et punitions sont également prévues et annoncées de bien loin à l'avance : les premières nombreuses, prodiguées d'une main libérale, les secondes courtes, discrètes et données à regret.

Le jeune maître n'est jamais à bout d'expédients : la bonté de son cœur lui suggère des industries auxquelles d'autres ne songeraient jamais ; et les élèves du Frère Joseph se sentent emportés dans un courant d'émulation qui les entraîne insensiblement.

Oh ! les belles heures qui s'écoulent ainsi rapidement dans le travail ! La classe a tout l'attrait de la récréation, avec cet appât plus varié et plus savoureux que l'exercice de l'esprit a de supérieur sur celui du corps.

A Saint-Merri on travaillait donc ferme, mais on était joyeux et content. Tous les souvenirs de cette époque en témoignent. Une seule fois, le maître épuisa en vain tous les conseils, tous les avertissements ; abusant de la bonté qu'on lui témoignait, un malheureux élève aggrava sa faute et mit le Frère Joseph en demeure de recourir au système de rigueur en usage à cette époque.

Aujourd'hui on a banni de toute école les procédés de correction afflictive ; il paraît que nos mœurs, soi-disant plus civilisées, répugnent à ces traitements qu'ont connus nos pères. On pourrait discuter longtemps sur l'opportunité de cette mesure ; quoiqu'il en soit, ce que nous pouvons dire, c'est que ceux qui ont connu ces méthodes ne s'en portaient pas plus mal, et qu'ils n'en avaient pas pour leur maître moins de respect que nos jeunes potaches d'aujourd'hui. Peut-être aussi, moins infatués d'eux-mêmes, croyaient-ils qu'on leur devait moins d'égards que nos lycéens n'en réclament.

Voilà donc le Frère Joseph qui, après avoir épuisé toutes les r[illegible]ssources de son intelligence et de ses avis charitables [illegible]on élève récalcitrant, s'arme de la férule redoutée [illegible] en posture d'administrer la correction d'usage.

[illegible]st la première fois qu'il a recours à cet expédient et sa main inexpérimentée le sert mal dans sa tâche nouvelle. Presque honteux du rôle qu'il remplit, le visage couvert d'une confusion qu'il ne peut réprimer, il rejette au loin la férule et les larmes aux yeux, la voix altérée par l'émotion, s'écrie :

« — Ah malheureux ! voyez à quoi vous m'avez réduit !... »

L'effet produit par cette scène, sur l'écolier indiscipliné et sur ses camarades, fut plus efficace que n'aurait pu être la punition elle-même. Jamais depuis le Frère Joseph ne consentit à toucher à la férule, trop antipathique à sa nature délicate.

La Providence au reste avait mis d'autres ressources à sa disposition ; si sa parole était parfois insuffisante pour guider ses élèves dans la voie de l'obéissance et du travail, son exemple avait plus de force pour leur montrer le chemin à suivre.

En quittant le noviciat pour commencer la vie active, le Frère Joseph n'avait pas oublié qu'il devait être avant tout un fervent religieux. Ne perdant pas au milieu des enfants le recueillement auquel il s'était habitué au faubourg Saint-Martin, ses élèves pouvaient suivre sur son visage l'effet de la prière continuelle à laquelle il se livrait. Mais ce n'était plus seulement ses propres besoins qu'il représentait à Dieu, c'était le plus souvent ceux de la nouvelle et nombreuse famille que la Providence lui avait confiée.

Cette vie d'union à Dieu développa encore en lui les ardeurs qui consumaient son âme et qui parfois se manifestaient malgré lui au dehors. On raconte qu'un jour, pendant que toute la communauté était dans le profond silence de la méditation commune, une voix se fit entendre tout à coup, s'écriant dans un transport de ferveur :

« — O Jésus, que je vous aime ! »

Cette voix c'était celle du Frère Joseph, qui oubliait qu'il n'était pas seul. Le jeune Frère, s'apercevant de sa méprise, n'eut d'autre ressource que de cacher dans ses mains son visage couvert de rougeur.

Mais c'est en vain que le fervent religieux veut cacher le feu qui le consume : tous s'aperçoivent de sa piété, de sa charité, de son humilité. Au reste, ces vertus ne s'acquièrent que par des actes extérieurs, et le Frère Joseph est bien obligé de révéler au regard de tous le combat qu'il livre à la nature.

Un jour, la paroisse de Saint-Merri célèbre avec pompe une fête religieuse où doit se faire entendre un prédicateur célèbre. L'église est remplie longtemps avant l'heure de la cérémonie et le Frère Joseph ne peut parvenir à sa place accoutumée ; il ne trouve plus d'autre expédient que de monter, en compagnie de plusieurs autres, sur les marches du jubé.

Son supérieur le remarque et croit devoir lui en faire des reproches devant toute la communauté, attribuant cette démarche à un certain désir de paraître. L'humble Frère pouvait aisément se disculper ; il n'en fit rien et se contenta de baisser la tête sous l'admonestation.

Ses confrères ne manquèrent pas de lui faire observer qu'il eût pu se défendre avantageusement :

« — Non, répondit-il, j'ai besoin d'être humilié, et le cher Frère Visiteur a eu parfaitement raison. »

C'est ainsi que le maître s'habituait au commandement en donnant à tous et toujours l'exemple de la plus parfaite obéissance et de la plus complète humilité. Cette leçon vaut mieux que tous les préceptes.

CHAPITRE IV

École Commerciale des Francs-Bourgeois

Fondation de l'Ecole. — Rôle du Frère Joseph.

I

Des aptitudes pédagogiques si bien caractérisées, une vertu si éprouvée faisaient du directeur de la grande classe de Saint-Merri un sujet de premier ordre. Des talents si complets ne pouvaient manquer d'attirer l'attention de ses supérieurs et en particulier celle plus perspicace encore du Frère Philippe.

L'habile supérieur suivait avec la joie la plus vive le développement de qualités qu'il avait été le premier à pressentir chez son jeune disciple : dans le secret il applaudissait à ses succès et se promettait de l'attirer sur un théâtre plus digne de lui : pour cela il attendait une occasion.

Elle se présenta bientôt. Au mois d'octobre 1845, le Frère Philippe, cédant à une heureuse inspiration, fondait le demi-pensionnat des Francs-Bourgeois, pour les enfants désireux de poursuivre leur instruction primaire sans recourir aux écoles de l'Etat.

C'était quelque chose comme l'enseignement primaire supérieur, ou mieux ce qu'un régime nouveau vient d'appeler l'enseignement moderne. Comme quoi nos hommes politiques d'aujourd'hui découvrent bien peu de choses et, pour changer, doivent reprendre ce que l'Eglise et ses éducateurs ont mis en pratique longtemps avant eux !

Le demi-pensionnat des Francs-Bourgeois allait réunir dans sa première classe toute l'élite des écoles des Frères dans les différents quartiers de Paris. Ce nouveau centre d'instruction devenait donc la première maison d'enseignement de l'Institut, et le Frère Philippe, pour répondre à l'attente générale, devait y attirer ses meilleurs professeurs.

Le choix du Frère Joseph s'imposait ; aussi au mois d'octobre 1845 était-il nommé professeur de littérature à la première classe de l'Ecole des Francs-Bourgeois. C'était, on peut le dire, le poste le plus brillant, et cette nomination témoignait de la confiance qu'on avait dans l'intelligence et le goût du Frère Joseph.

Quelque haute et délicate cependant que fût la mission qui lui était confiée, le nouveau professeur du pensionnat des Francs-Bourgeois se montra de suite à la hauteur de sa tâche. Il arriva dans cette maison précédé de la réputation d'un maître éclairé et dévoué : en quelques jours tous les cœurs lui furent acquis et il sentit à une impression secrète qu'il était là où la Providence le destinait.

En effet trente années vont passer sur la tête du Frère Joseph sans pouvoir l'arracher à sa chère maison des Francs-Bourgeois ; trente années avec leurs mille péripéties, avec les lourdes charges honorifiques qu'elles apporteront successivement comme complément de sa tâche première. En effet, le simple maître deviendra directeur de l'établissement : les besoins de l'Institut feront de lui un Visiteur, mais toujours il restera fidèle au milieu où il a fixé son cœur.

Mais n'anticipons pas : aujourd'hui le Frère Joseph est professeur de littérature à la première classe, et il révèle dans toute leur étendue les ressources pédagogiques dont l'a doué la nature prodigue. Par sa riche imagination, son goût sûr, sa phrase élégante, il initie ses élèves à l'harmonie de la belle langue française, et leur prodigue les connaissances solides nécessaires pour ouvrir toutes les carrières.

Il travaille de tout son pouvoir, constate un homme du

métier expert en ces matières, il travaille « à remplacer les méthodes mnémotechniques, dont on abusait alors, par l'étude raisonnée des éléments d'instruction. Il devient par là un précurseur de l'évolution pédagogique à laquelle nous assistons. Homme d'initiative et d'intuition, il sent quelle énorme influence sociale les classes intermédiaires de la petite bourgeoisie détiennent à notre époque, et il recule, à leur profit, les limites de l'enseignement primaire. »

Nous arrivons maintenant à l'époque la plus importante de la vie du Frère Joseph : déjà il enseigne aux Francs-Bourgeois depuis quatre ou cinq ans. Il approche de la trentaine, cet âge où l'on commence à apprécier les hommes et les choses à leur juste mesure, et où l'on songe à donner à sa vie son orientation définitive.

Admirateur passionné de l'œuvre à laquelle il travaille et que le génie du Frère Philippe a su créer, il rêve de l'améliorer et de la perfectionner encore. C'est l'objet de toutes ses conversations avec un de ses confrères, compatriote et ami de cœur, le frère Angelum (1).

De ces projets va bientôt sortir une œuvre double et triple qui assure à la mémoire du Frère Joseph une durée impérissable. Tous les Parisiens et tous les hommes en France qui s'occupent d'éducation savent aujourd'hui ce que c'est que l'œuvre des Francs-Bourgeois ; ce qu'ils ignorent peut-être, c'est ce qu'elle fut à l'origine et comment elle parvint à ce degré de prospérité qui éclate maintenant

(1) Le Frère Angelum, décédé Visiteur de Paris, le 4 mars 1888, était natif de Saint-Etienne comme le Frère Joseph. Il le précéda d'une année au petit noviciat dont il fut l'un des premiers élèves. La candeur de son âme, la vivacité de son intelligence en firent un religieux exemplaire et un maître du plus grand mérite. Ses qualités administratives le firent nommer, en 1857, Directeur de la communauté de Saint-Nicolas-des-Champs, à Paris. L'école de la rue Montgolfier, placée sous sa direction, recevait alors 1,500 élèves chaque jour : 500 pour l'école primaire, 500 apprentis de six à huit heures, et 500 adultes de huit à dix heures du soir. Il organisa les concours mensuels préparatoires aux concours annuels de la Ville de Paris, où les élèves des Frères eurent tous les succès. Il fut nommé Visiteur en 1867.

au grand jour. L'artisan de cette grande œuvre n'est autre que le Frère Joseph et c'est là le principal titre de gloire de sa vie entière. Il y a mis son temps, sa santé, ses sueurs, il y a mis son empreinte, son cœur, disons le mot, son génie.

Aussi, importe-t-il pour le profit de ceux qui veulent connaître la vie de cet homme de bien, de s'arrêter longuement sur cette période de son existence.

Le Frère Philippe avait donc fondé en 1845 le demi-pensionnat des Francs-Bourgeois et, comme si cette maison ne pouvait se passer du Frère Joseph, il l'y avait appelé dès l'ouverture des cours. Le jeune éducateur assiste donc au berceau de l'œuvre qu'il devait si avantageusement transformer et agrandir; il en étudie le fonctionnement, en constate les heureux effets, mais aussi en aperçoit les lacunes.

Aussitôt donc il s'efforce de les combler, étudie les programmes des écoles similaires, confère longuement avec le Frère Philippe, rédige par écrit toutes ses idées personnelles, en forme un long rapport soumis à ses supérieurs et conclut à la fondation de ce qu'on appelle aujourd'hui l'Ecole commerciale des Francs-Bourgeois.

Cette œuvre révélait la main d'un maître. S'inspirant des idées de l'Université dans l'école Turgot, le Frère Joseph les dépassait et prévoyait les remaniements successifs que devait subir cet établissement de l'Etat : si bien qu'il a suffi à l'Ecole commerciale des Francs-Bourgeois de rester ce qu'elle était en 1850 pour être encore à l'heure actuelle à la hauteur de nos exigences les plus récentes.

Par ce fait, les classes moyennes qui destinaient leurs enfants à l'industrie et au commerce n'avaient plus besoin de s'adresser aux écoles de la Ville ; elles étaient sûres de rencontrer au seul point de vue pédagogique tous les avantages de l'enseignement laïque à l'Ecole commerciale des Francs-Bourgeois.

Il faut le coup d'œil d'un homme d'une rare intelligence pour asseoir sur des bases quasi immuables une œuvre de cette importance : ce coup d'œil fut celui du Frère Joseph. A lui en revient toute la gloire ; aussi le Frère Philippe ne tarda-t-il pas à lui donner dans cette maison le rang qu'il méritait : en dépit de sa jeunesse il le nomma Directeur de l'Ecole.

II

C'est pour ce poste important que la Providence avait destiné le Frère Joseph ; c'est là qu'il allait donner toute sa mesure, se faire apprécier comme l'un de nos premiers éducateurs en ce XIXe siècle.

Initié plus qu'aucun autre à tous les règlements scolaires en usage dans l'Institut, il commença par les faire appliquer dans toute leur rigueur. Pour cela il surveilla de très près le recrutement de son personnel, et parvint à s'entourer de collaborateurs vraiment à la hauteur de leur mission pour les qualités pédagogiques et morales.

Un contrôle minutieux, sans être tyrannique, tint en haleine les maîtres et les élèves et apprit à chacun à se donner à sa tâche suivant les exigences du règlement.

Au premier rang, en tête de l'enseignement littéraire et scientifique, prend place, établi sur une large base, l'enseignement religieux. Confié d'abord dans chaque classe à chaque professeur individuellement, il est ensuite centralisé entre les mains des aumôniers qui, avec le pouvoir sacerdotal, ont reçu grâce d'état pour enseigner les âmes et les guérir.

Le Frère Joseph facilite les relations entre les catéchistes et leurs jeunes auditeurs, plus encore entre les confesseurs et leurs pénitents. A l'Ecole commerciale, la pratique des sacrements est en honneur, et fréquemment les élèves, surtout les aînés, s'approchent de la sainte Table.

Chaque semaine une Congrégation de la Sainte-Vierge

réunissait l'élite de la maison et y faisait aimer et fleurir la piété. L'accès de cette confrérie, tout en étant assez difficile, était maintenu dans de justes limites pour exciter les légitimes ambitions de toutes les bonnes volontés et stimuler le courage des plus faibles.

Le sentiment religieux trouvait son expansion générale dans les fêtes qui se déroulaient à la chapelle avec la plus grande solennité possible. Une ornementation soignée, des illuminations à effet, des chants préparés et exécutés par les enfants, leur donnaient un éclat et un intérêt salutaires.

La fête des Quarante-Heures réunissait autour du tabernacle le Directeur de l'école et tous ses élèves, devenus de fervents adorateurs : lorsque le Frère Joseph préparait ses enfants à cette fête, des paroles brûlantes s'échappaient de ses lèvres et communiquaient à ses disciples une étincelle du feu divin qui consumait son âme. La Fête-Dieu prêtait à des manifestations plus grandioses : les cours et les salons du demi-pensionnat voyaient s'élever des reposoirs à l'ornementation desquels chacun rivalisait de zèle et d'adresse.

C'est ainsi que dans cette école, abritant une jeunesse parfois si difficile à conduire, l'influence religieuse prenait une importance qu'on eût rencontrée en bien peu de maisons d'éducation. Si nous ajoutons à tous ces moyens que, chaque année, se donnait une retraite qui rétablissait l'ordre dans les consciences et déterminait les généreuses résolutions, nous aurons fait connaître l'ensemble du mouvement religieux qui réglait l'Ecole des Francs-Bourgeois.

Le cœur ainsi élevé par cet idéal, — le seul possible en matière d'éducation, — l'esprit n'avait pas de peine à s'appliquer à l'étude. Après la piété, le travail tenait la première place dans les préoccupations du Frère Joseph.

Soucieux de développer dans l'âme de ses enfants le goût du vrai et du beau, il n'épargnait rien pour élever leur intelligence et agrandir les horizons qui s'ouvraient aux yeux éblouis de cette jeunesse avide de savoir.

Conférences, fêtes littéraires, expériences curieuses,

étaient prodiguées aux élèves de l'école pour récompenser leurs efforts, mais surtout pour éveiller leur émulation. Dans ce but aussi le Frère Joseph fonda une œuvre qui eut la plus heureuse influence sur le travail des aînés : c'est l'Académie.

L'Académie des Francs-Bourgeois ne devait naturellement réunir que l'élite des premières classes ; chacun était très flatté d'en faire partie. Le Frère Joseph établit donc des conditions d'entrée assez difficiles à remplir, et il obtint par là un des plus précieux moyens d'émulation. Comme à l'Académie française, c'étaient les membres eux-mêmes qui appelaient les élus à venir prendre place auprès d'eux ; le Frère Joseph se réservait seulement le droit d'agréer la demande du candidat. Il est curieux de voir quel sérieux contrôle présidait à l'admission et de quel ensemble de qualités il fallait justifier pour remplir toutes les conditions.

Une lettre du Frère Joseph va nous initier à cette œuvre intéressante ; voici ce qu'il écrit à l'un des nouveaux Académiciens :

« Vos camarades, mon cher enfant, vous ont tous donné leur voix à l'Académie. Moi, qui vous ai permis de faire votre demande, je ne puis avoir l'intention de vous empêcher de profiter de ce vote ; mais je ne veux pas non plus que vous puissiez croire à une admission *unanime*.

« J'aurais désiré et je comptais que les Académiciens, attentifs à l'honneur de leur société, ne se laisseraient pas aveugler par l'amitié au point de vous admettre sans la moindre remarque. Je m'étais préparé à vous excuser ; je croyais à votre admission, mais discutée ; en vous l'annonçant, le secrétaire aurait été obligé de vous rappeler quelques circonstances de ces six derniers mois. Puisque les Académiciens ont cru que l'amitié leur imposait silence, souffrez qu'elle me porte à vous parler : devenu homme, vous apprécierez la différence des deux affections. »

Puis vient une série de reproches, qui montre que les qualités morales n'étaient pas moins indispensables que les qualités intellectuelles pour faire partie de l'Académie.

« Convainquez-vous bien, mon cher enfant, continue le Frère Joseph, que vous n'avez pas été un candidat parfait, et que vos palmes blanches ne sont pas un droit, mais une faveur : 1° votre place de seizième à l'examen de Pâques est un échec ; 2° votre caractère a cessé d'être *docile* et *soumis* deux ou trois fois ; 3° enfin, vous avez manqué gravement à la délicatesse envers un professeur.

« Voilà ce qu'on aurait dû vous reprocher afin que, dans la suite, vous fassiez des efforts pour ne plus encourir les mêmes reproches. J'aime à penser, mon cher ami, que vous comprendrez le motif sérieux qui dicte ma conduite, et que vous n'y verrez qu'une affection qui veut vous être aussi utile qu'elle vous est dévouée. »

On voit par cette lettre quelle force l'Académie mettait aux mains du Directeur pour encourager non-seulement l'émulation, mais les efforts plus sérieux encore qui constituent chez l'enfant la réforme du caractère.

Il y eut cependant à l'Ecole des Francs-Bourgeois une autre ressource dont le Frère Joseph sut disposer et tirer des effets plus précieux encore : c'est sa parole.

Avouons tout d'abord, si on le veut, que le Frère Joseph ne fut jamais un homme éloquent dans le sens où on l'applique aux hommes qui se jouent aisément au milieu des expressions les plus choisies et des phrases les plus harmonieuses; mais s'il ne prononçait pas des discours à effet on a pu dire de lui cependant « qu'il vibrait comme un convaincu. » — « Ce n'était point, continue le même témoin, ce n'était point à proprement parler un charmeur ; pourtant, avec son grand air tempéré par une exquise bienveillance, il avait un véritable don d'attraction et son pouvoir n'était pas exempt de fascination. »

Il était surtout une heure où sa parole obtenait tout son effet. C'était le samedi soir, quand il se présentait dans la première classe pour la proclamation des notes hebdomadaires; il profitait de ce moment pour s'entretenir chaque semaine pendant une demi-heure avec les aînés de la famille.

Le samedi soir il s'entretenait avec les aînés de la famille.

Dès les débuts de sa direction aux Francs-Bourgeois, il avait établi cet usage et il ne s'en départit jamais dans la suite ; on ne peut dire tout le bien qui est sorti de ces entretiens réguliers.

« Les sujets les plus sérieux, dit son biographe, y étaient traités d'une façon claire et intéressante. Souvent, prenant occasion d'un évènement public, d'un fait récent, de la mort d'un personnage célèbre ou de quelqu'un connu de lui ou des enfants, le Frère Joseph en tirait une leçon lumineuse et saisissante. Il adaptait merveilleusement sa parole à ses auditeurs de quinze à dix-huit ans : instructif, onctueux, pittoresque, ardent, véhément quelquefois, il savait captiver ces jeunes âmes qui sentaient le cœur de l'apôtre s'épancher dans ces entretiens familiers.

« Pour rien au monde, si ce n'est dans le cas exceptionnel d'un voyage lointain, le zélé Directeur n'eût consenti à omettre cette instruction ; on l'a vu malade, fiévreux, gardant le lit depuis plusieurs jours, se lever le samedi à cinq heures du soir, pour venir parler à ses chers enfants, et se recoucher ensuite.

« Aussi les élèves tenaient autant que leur maître à cette demi-heure qu'ils attendaient comme un régal. Le souvenir en est resté gravé dans la mémoire et dans le cœur de ceux qui l'ont entendu ; d'anciens condisciples, se rencontrant après plus de quinze ou vingt ans, devisant entre eux de leurs années d'études, se surprenaient à s'écrier ensemble : « Et les instructions du Frère Joseph, le samedi !... Quel souvenir !... » C'était à qui rappellerait le plus exactement telle leçon, telle réflexion, telle maxime, burinées là, pour ainsi dire, dans ces cœurs d'hommes, en traits ineffaçables (1). »

Telle fut l'action du Frère Joseph dans sa chère Ecole commerciale de la rue des Francs-Bourgeois ; mais sur cette première œuvre il lui restait à en greffer une seconde, plus admirable encore.

(1) *Notice nécrologique*, p. 32.

CHAPITRE V

Cercle des Francs-Bourgeois

Sa Fondation. — Son Organisation.

I

Depuis plusieurs années déjà, l'Ecole Commerciale donnait les plus beaux résultats : le succès des études, la bonne tenue de la maison, la réputation du Directeur attiraient des élèves de jour en jour plus nombreux (1).

Le Frère Joseph se réjouissait en silence, près du Tabernacle, du développement que prenait son œuvre, dont les heureux effets éclataient aux yeux de tous ; mais le cœur de l'homme zélé est insatiable. Comme l'ambition humaine, l'ambition divine brûle les âmes qu'elle rend avides d'une soif inassouvie.

Le Directeur de l'Ecole constatait avec le plus grand bonheur les progrès de ses enfants dans la vertu et dans l'étude ; il voyait leur cœur s'ouvrir aux charmes de la piété et leur esprit s'agrandir au contact de la vérité. Mais ces adolescents allaient devenir des jeunes gens, ils allaient devenir des hommes, se lancer dans la vie, prendre une carrière, s'établir, fonder un foyer... Dans quelques années d'ici qu'adviendrait-il d'eux?

Le temps de l'école, on le sait, est parfois dangereux : celui qui le suit est encore plus fécond en écueils. C'est

(1) Aujourd'hui le demi-pensionnat des Francs-Bourgeois compte six cents élèves.

celui qui demande chez le jeune homme plus de prudence et chez son guide plus de vigilance.

Le Frère Joseph, profondément convaincu de cette vérité, se disait donc : A quoi sert cet épanouissement de qualités morales si dans quelques années, dans quelques mois, dans quelques semaines, le vent brûlant des passions et l'atmosphère empestée du monde doivent dessécher sur leur tige ces fleurs si gracieuses mais si délicates ?... Et cependant comment les protéger contre le souffle inévitable de la tempête ?...

Depuis de longs mois, le zélé Directeur portait dans son esprit ces lourdes et graves pensées, n'osant pas exprimer tout haut le rêve qu'il formait, quand un jour il se vit contraint de céder à l'obsession qui l'accablait.

C'était à la veille des vacances, le dimanche qui précédait la sortie. Parmi les élèves un bon nombre entendaient la messe pour la dernière fois dans leur chapelle des Francs-Bourgeois : ils allaient tenter dans le monde l'apprentissage de la vie, et à la gaieté que donne toujours l'espoir d'une liberté plus grande venait se mêler le regret de quitter une Ecole qu'on aimait et des maîtres qu'on vénérait comme des pères.

Pour se mieux préparer à cette scène des adieux, la plupart avaient voulu s'approcher de la Table sainte, et l'œil du Frère Joseph les suivait de son regard heureux mais inquiet. Ces chers jeunes gens si pieux, si bons ! Qu'allaient-ils devenir ?... Encore quelques heures et peut-être leur fraîcheur printanière allait se flétrir !

A cette pensée, l'âme du saint éducateur tressaillit d'une ardeur inaccoutumée ; le Frère Joseph sentit que Dieu lui parlait au cœur et lui inspirait de mettre à exécution le plan depuis longtemps rêvé.

Cependant, avant de s'en ouvrir au Frère Philippe, il résolut de consulter un homme d'expérience en dehors de son Institut.

Quelques jours plus tard, le Directeur des Francs-Bourgeois frappait à la porte du célèbre Père de Pontlevoy.

Celui-ci, Provincial des Jésuites, résidait rue de Sèvres. Il accueillit le Frère Joseph avec la plus grande amabilité, écouta le récit de ses projets, le loua de son zèle, approuva ses efforts et pendant de longues heures les deux hommes de Dieu conférèrent sur les moyens de réaliser une œuvre si éminemment utile.

Comme conclusion de l'entretien, le Père de Pontlevoy conseilla au Frère Joseph de commencer une neuvaine à la Sainte Vierge. La réponse du ciel ne se fit pas longtemps attendre.

« Il y avait alors à Paris un commerçant retiré des affaires, nommé M. Agnel, excellent et charitable chrétien qui était en quête de bonnes œuvres. Au déclin de sa vie, il se rappelait avec émotion les soins qu'il avait reçus, durant sa jeunesse à Marseille, d'un saint prêtre, M. Allemand, homme apostolique, fondateur d'un cercle d'employés. Persuadé qu'il lui devait la conservation de sa foi et de ses principes de haute moralité, l'honneur de sa vie, M. Agnel déplorait qu'il n'y eût à Paris aucune institution semblable à celle dont les bienfaits lui avaient été si précieux. Il se disait que le meilleur témoignage de sa reconnaissance serait de favoriser la fondation d'une telle œuvre; sa fortune était considérable et indépendante ; pourrait-il en faire un meilleur usage? Ne la devait-il pas surtout aux idées chrétiennes dont M. Allemand lui avait enseigné la pratique? Ne serait-ce pas faire un acte de piété filiale, glorifier le foyer paternel, que de doter Paris d'une reproduction du Cercle marseillais? Ces pensées lui étaient chères; elles étaient de celles qui, aux heures de ferveur, hantent nos rêves et dont nous parlons à Dieu (1). »

La neuvaine du Frère Joseph n'était pas encore achevée que M. Agnel se présentait à la résidence des Jésuites et s'ouvrait de ses projets au Père de Pontlevoy. Celui-ci répondit avec un fin sourire :

(1) L'abbé PAGUELLE DE FOLLENAY, *Le Très Honoré Frère Joseph, son action personnelle dans l'œuvre de l'éducation.*

« — Rendez-vous rue des Francs-Bourgeois au numéro 10; voyez le Frère Joseph, c'est l'homme qu'il vous faut. »

Ces deux amis de la jeunesse étaient faits pour se comprendre ; ils échangèrent leurs vues et leurs sentiments qui se trouvèrent bientôt d'accord et de leur union sortit le *Cercle des Francs-Bourgeois, l'un des mieux organisés de la* capitale.

L'œuvre que venait de créer le Frère Joseph, de concert avec son auxiliaire providentiel, était double : elle comprenéit d'abord un Cercle destiné à ramener à l'Ecole tous les anciens élèves, à les grouper, à occuper leurs loisirs par des distractions agréables, mais aussi à les aider à ne pas perdre les habitudes religieuses contractées dans cette maison.

Puis pour ceux qui n'avaient pas leur famille à Paris et dont la persévérance se trouvait ainsi plus menacée, le Frère Joseph, se montrant plus saintement hardi encore, superposa à l'Ecole et au Cercle une Maison de famille qui servit de pension aux jeunes gens élèves des grandes écoles nationales.

L'entreprise était ardue : pour la mener à bien, il fallut le discernement, l'autorité, la science, le savoir-faire du zélé religieux, sans parler de ses aptitudes d'organisation, de sa prévoyance et du talent particulier qu'il avait de se faire aimer des jeunes gens.

Il ne faudrait pas croire cependant que l'œuvre prit dès le début le magnifique épanouissement qu'elle possède aujourd'hui. Non, les origines, comme dans toutes les *œuvres divines, en furent fort humbles. L'espace manquait* et par conséquent les salles étaient trop restreintes et imposaient mille expédients.

On ne peut s'imaginer ce que, dans ces jours de formation, le zélé Directeur déploya d'initiative, de ressources fécondes, de dévouement et de génie créateur. Gardant son imperturbable bonne humeur et redoublant d'activité, il veut parer aux exigences d'un triple service et présider à l'Ecole comme au Cercle et à la Maison de famille.

A force d'industrie, le Directeur des Francs-Bourgeois parvint tout d'abord, malgré l'exiguité du local, à aménager dix-huit chambrettes; puis il se vit obligé de louer un immeuble voisin, où il installa quarante-cinq nouvelles chambres; puis enfin, « ce nid étant devenu trop étroit, » il arriva à transférer l'œuvre entière dans la maison qu'elle occupe aujourd'hui rue Saint-Antoine, ancien hôtel du duc de Mayenne et des sires d'Ormesson.

Et maintenant si l'on veut savoir le bien que produit cette création, écoutons le témoignage que lui rend un journal de Lyon, le *Salut public* :

« L'Œuvre des Francs-Bourgeois est une maison de famille justement réputée et très prospère, où les jeunes gens venus à Paris, soit pour y continuer leurs études, soit pour y faire leur carrière, et qui, loin de leurs parents, sont exposés aux mauvais entraînements et aux fréquentations malsaines, trouvent comme une seconde famille. Sous une autorité douce comme la religion, indulgente comme l'amitié, tenus à l'écart de toute influence pernicieuse, de tout voisinage dangereux, ils peuvent conserver la foi et les vertus du foyer familial.

« Il n'est même pas besoin pour être admis dans la maison, de sortir d'une école des Frères : les jeunes gens qui s'y font inscrire comme pensionnaires sortent le plus souvent des grands établissements religieux ou nationaux, et quelques-uns viennent des lycées. Pour la plupart, ils suivent les cours des diverses Facultés, des Ecoles des Arts et Manufactures, des Mines, des Beaux-Arts, de l'Institut agronomique, etc... Ils sont originaires de tous les points de la France et plusieurs viennent de l'étranger. Cet hôtel de famille compte aujourd'hui près de cent locataires. »

Si à cela on ajoute les quatre cents membres du Cercle, on voit qu'elle était la nouvelle famille que le Frère Joseph avait groupée dans l'Œuvre des Francs-Bourgeois. Mais maintenant que nous connaissons la fondation de l'œuvre, voyons quels moyens l'ouvrier sut employer pour la faire fonctionner.

II

Par l'intervention du charitable M. Agnel, la Providence avait pourvu à l'installation matérielle; mais ce n'était là qu'un point de la difficulté et non assurément le plus considérable.

Il s'agissait maintenant d'imposer à ces jeunes gens liés par leur seule bonne volonté un règlement établi sur des bases larges mais solides, pour assurer le maintien de l'ordre et obtenir le résultat qu'on voulait atteindre.

Mais là que de précautions! que de ménagements à prendre! La discipline est toujours le point délicat en toute œuvre d'éducation; mais si c'est une arme dont le maniement demande de l'habileté dans une école, dans un pensionnat, combien son usage demande plus de dextérité encore dans une œuvre de jeunesse!

Ce n'est plus l'enfant avec sa naïveté, ce n'est plus l'adolescent avec son insouciance, c'est le jeune homme avec ses pressentiments de la vie et son désir de faire l'essai de sa liberté : voilà l'être dont il faut éviter de froisser les susceptibilités et qu'il faut encore plus préserver du mal.

Telle était la tâche que le Frère Joseph s'était imposée : certes, il en connaissait bien les difficultés, mais il en escomptait aussi les heureux fruits; et, avec cette espérance, il se mit à l'œuvre, peu soucieux des labeurs dont il allait écraser son existence déjà si chargée, et même des critiques qu'on n'épargnerait pas à ses efforts généreux.

Dans toute œuvre naissante, il y a des hésitations, des tâtonnements, des insuccès partiels que l'habileté d'une main adroite ne suffit pas à éviter : il semble que le monde est à l'affût de ces légères déceptions pour les recueillir, les amplifier et en former des objections contre l'opportunité de l'entreprise.

Au début, le Cercle de la Jeunesse put ne pas donner tous les résultats qu'on en attendait : il y eut des défections individuelles ; on les reprocha amèrement au fondateur qu'on accusa de témérité. « D'excellents esprits, des hommes apostoliques blâmèrent l'entreprise » ; le Frère Joseph laissa dire et continua en essayant de mieux faire.

Bien plus il fit de ces critiques une arme nouvelle pour le succès de sa cause, en les acceptant en toute humilité et en les offrant à Dieu pour en recevoir plus de grâces. « Le Frère Joseph, dit un de ses admirateurs, accepta toutes ces épreuves ; il fit plus, il les aima : persuadé que, pour réussir dans l'exercice d'un si difficile apostolat, un dévouement ordinaire ne suffit pas, mais qu'il faut gravir les degrés de l'abnégation religieuse, il considéra ses souffrances comme les éléments d'un sacrifice nécessaire, et dès lors elles furent chères à son cœur, parce qu'il vit en elles les conditions d'un succès tant désiré. L'immolation quotidienne de sa personne pour le salut des jeunes gens devint la loi fondamentale de sa vie intime ; dès lors plus rien ne le surprit, plus rien n'abattit son courage, ni les fatigues, ni les insomnies imposées par les plaisirs de ses hôtes, ni les défections, ni l'ingratitude, ni les jugements sévères de ceux qui ne pensaient pas comme lui (1). »

N'ayant confiance que dans la prière et l'abnégation, le Frère Joseph multiplia les neuvaines, les communions, les mortifications, les veilles, pour obtenir un succès qui se faisait attendre.

L'un de ses voisins de cellule, à cette époque, raconte que fréquemment, le soir, il entendait son Directeur prier, gémir, pleurer pendant plus d'une heure, songeant sans

(1) M. Paguelle de Follenay, loc. cit., p. 21.

doute aux écarts de certains de ses protégés. Ce n'était qu'après après avoir ainsi soulagé son âme, qu'il succombait à la fatigue et consentait à prendre son repos de la nuit.

Un autre Frère, qui remplissait les fonctions de sacristain de la chapelle de la maison, se trouva le soir d'une fête, dans l'obligation de veiller assez tard pour remettre en place tous les ornements du saint lieu. Il en sortait vers l'heure de minuit, lorsqu'il rencontra le Frère Joseph, les yeux gonflés de larmes et le visage défait, se dirigeant à son tour vers le sanctuaire : le vaillant apôtre venait de passer deux heures auprès d'un jeune prodigue, afin de le relever!... et il revenait aux pieds du Sauveur le remercier de sa victoire ou solliciter une grâce plus forte.

Très souvent aussi, raconte son biographe, après avoir passé au milieu des jeunes gens une soirée fatigante, pendant que toute la communauté reposait, il montait à la chapelle et y passait de longues heures, prosterné près de l'autel ; parfois la nuit presque entière s'écoulait ainsi... et le matin il n'en présidait pas moins en personne les exercices réguliers (1).

C'est par ce dévouement et cette abnégation sans mesure que le Frère Joseph entreprit la direction de cette œuvre nouvelle et si difficile. Puis voyant que la piété était sa seule force à lui-même, il essaya de la donner à ses disciples comme le meilleur appui.

Les exercices religieux furent le premier objet de la réglementation du Cercle ; chaque soir la prière s'y faisait en commun ; puis, après avoir entendu la lecture d'un court sujet de méditation, tous les jeunes gens se relevaient et chantaient en se retirant dans leur chambre ou en retournant dans les salles de jeux : *In manus tuas, Domine, commendo spiritum meum.*

Les offices du dimanche réunissaient tous les membres et

(1) *Notice nécrologique*, p. 31.

Il passait de longues heures, prosterné près de l'autel.

leur rendaient facile le précepte de la sanctification de ce saint jour : deux retraites se donnaient chaque année, l'une pendant l'Avent, l'autre à la fin du Carême et rappelaient à chacun les principales obligations de la vie chrétienne.

Puis pour initier cette jeunesse aux œuvres sociales, une Conférence de Saint-Vincent de Paul lui enseignait le chemin de la demeure du pauvre et lui donnait l'habitude de soulager la misère. C'est ainsi que des centaines de jeunes hommes, étudiants ou employés dans le commerce et l'industrie, se fortifiaient dans la lutte contre le mal par la pratique de la charité.

Après les exercices religieux, le Frère Jospeh porta son zèle sur les distractions honnêtes destinées à servir d'appât à cette pêche merveilleuse des âmes. Salles de jeux, salon de lecture, parties de campagne en été, cours et conférences scientifiques, société chorale, société d'harmonie et de symphonie, séances littéraires, musicales ou dramatiques, formaient un ensemble de moyens, dont la diversité multipliait les charmes et donnait satisfaction à tous les besoins intellectuels (1).

Pour attacher les jeunes gens, le Directeur voulait que le Cercle fît bonne figure et que les réunions fussent brillantes. Or, au début, les salles de réunions manquaient; il fallait recourir aux expédients et le plus souvent démonter des cloisons pour faire une seule pièce de plusieurs...

« Il est facile, dit un témoin de cette époque, de se faire une idée du dérangement occasionné par ces sortes de séances en des lieux improvisés : faire cesser les classes pour tout préparer et remettre chaque chose en place au plus vite, pour faire perdre moins de temps aux maîtres et aux élèves. Le Frère Joseph y mettait une grande activité.

« Lorsque ces séances avaient lieu dans la soirée, elles

(1) *Notice*, p. 34.

finissaient fort tard. Après quelques heures de sommeil, au réveil de la communauté, le Directeur était présent pour activer la mise en place. »

Heureusement, le jour vint, comme on le sait déjà, où le Frère Joseph put donner à son œuvre un local plus vaste et transporter avec l'Ecole, le Cercle et la Maison de famille à l'hôtel d'Ormesson,

A partir de cette heure l'établissement de la rue Saint-Antoine devint, comme l'a dit une plume autorisée, un monde pour le gouvernement des âmes, pour la science utile, pour les passe-temps honnêtes et les joies de l'esprit.

En effet, avec le triple élément qui compose l'œuvre, c'est une population d'un millier d'enfants et de jeunes gens que le Frère Joseph maintenait sous sa direction.

Il pouvait bien dire que ces enfants étaient les siens et se laisser aller, comme David, à un mouvement de légitime orgueil en faisant le dénombrement de son royaume.

Mais non, le zélé Directeur était toujours resté l'humble religieux, « ennemi de l'amour-propre et de la vaine gloire. » C'était à Dieu et à Dieu seul qu'il renvoyait l'honneur de son succès.

« Un jour, racontera-t-il plus tard à l'un de ses amis, j'assistais à une soirée des plus brillantes au Cercle : le programme se déroulait avec un attrait progressif, les applaudissements éclataient dans toute la salle, les jeunes acteurs ainsi encouragés faisaient montre de tous leurs moyens : le succès était complet et le plus grand honneur en rejaillissait sur l'établissement et peut-être jusqu'à son Directeur.

« J'allais me laisser aller au cours de mes pensées, quand tout à coup, je me pris à songer à Dieu qui est tout, et à moi qui ne suis rien, et loin de m'attribuer la gloire de ce petit triomphe, je l'offris tout entier au bon Dieu pour qu'il daignât en tirer sa gloire.

« Combien, ajoutait l'humble religieux, combien j'eusse été malheureux et aveugle de m'en approprier même une parcelle ! »

Aussi, dans toutes les circonstances heureuses où la fortune venait jeter un rayon de gloire sur son œuvre, il ne manquait jamais devant tous de l'attribuer à la collaboration de ses Frères et même des enfants ou jeunes gens qui recevaient les bienfaits de sa direction.

« C'est grâce à vous, Messieurs, leur disait-il un jour, au lendemain d'une de ces fêtes à succès retentissant, c'est grâce à vous que nous voyons fleurir cette nombreuse société de jeunes chrétiens qui, dans cette maison, cherchent un refuge contre les dangers d'un monde pervers ; c'est grâce à votre générosité, à votre empressement, à votre amabilité que les nouveaux venus s'y plaisent et s'y accoutument si facilement. »

CHAPITRE VI

Action personnelle du Frère Joseph

Ses Procédés. — Son Dévouement paternel.

I

Si c'est à l'œuvre qu'on connaît l'ouvrier, nous pouvons déjà apprécier la valeur du Directeur de l'Ecole et du Cercle des Francs-Bourgeois ; au fait, nous n'ignorons plus rien de sa science, de sa vertu, de son savoir-faire, de ses aptitudes d'organisation.

Mais ces qualités, quelque brillantes qu'elles soient, sont-elles suffisantes pour nous donner l'explication d'un succès si complet ?... Certes l'auréole du savoir et de la vertu a du prestige sur la jeunesse : saurait-elle cependant lier les cœurs des enfants et des jeunes gens à leur maître, de l'union si étroite qui unissait les mille habitants des Francs-Bourgeois à leur vénéré Directeur?

Expliquons davantage notre pensée. Le Frère Joseph a accompli une œuvre difficile; il y a remporté le plus éclatant succès. Pourquoi? Le moment est venu de le dire et dans le plus grand détail : plus qu'aucun autre, ce chapitre va nous révéler ce que fut cet éducateur.

Peut-être se rappelle-t-on la scène des adieux au foyer paternel de Saint-Etienne, quand la mère du jeune Joseph Josserand, prenant pour la dernière fois son enfant dans ses bras, lui mit au front le baiser suprême, en disant :

« — Va, mon fils, et fais-toi aimer !... »

Tout le secret de l'œuvre du Frère Joseph est dans cette parole : il sut enseigner, il sut fonder, il sut organiser, parce qu'il sut se faire aimer.

Dieu exauça la prière de la mère généreuse qui lui donnait son fils ; il entendit cette parole suprême, ce qu'un homme bien inspiré appelle « le testament de la tendresse maternelle », et il accorda au Frère Joseph le don d'attirer les cœurs.

Quelle est précieuse pour un homme d'œuvres, cette faveur ! Le Directeur des Francs-Bourgeois, a dit quelqu'un qui le connaissait bien, avait un véritable don d'attraction. « Dans toutes les phases de sa vie, les collaborateurs se donnaient à lui avec un abandon presque enfantin, s'estimant suffisamment récompensés lorsqu'ils avaient pu être agréables au maître. Quant aux jeunes gens placés sous sa tutelle, ils laissaient volontiers entre ses mains, cette part d'indépendance qu'ils revendiquent si jalousement d'ordinaire dans nos grands villes. C'est que la domination du Frère Joseph était faite de toutes les ingéniosités, des délicatesses, on peut même dire sans exagération, des véritables sublimités du cœur. »

Le Frère Joseph se fit aimer, et le premier moyen qu'il employa pour cela, c'est qu'il aima lui-même.

Il aima son œuvre, comme bien peu d'éducateurs l'ont aimée en ce siècle ; il en comprit la sublime grandeur et s'écriait un jour, épris d'enthousiasme :

« L'éducation est ce que je trouve de plus digne des préoccupations d'un homme, après le service de Dieu !... »

Et il explique sa pensée par cette comparaison lumineuse :

« Il n'y a rien de plus élevé que de travailler à faire des hommes. Or, le peintre et le sculpteur ont beau s'appeler Michel-Ange et Raphaël, ils ne peuvent produire que des figures d'hommes, tandis que l'éducateur fait l'homme lui-même. »

Epris de sa sublime vocation, le Frère Joseph aimait avec

passion l'âme de ses élèves ; aux heures de l'adolescence, « il surveillait l'éclosion de leurs énergies d'intelligence et de cœur, afin de les diriger vers le bien, les premières manifestations de leurs tendances vicieuses, afin de les réprimer. »

Ainsi compris, cet amour n'avait garde de jamais dégénérer en faiblesse. Car cette âme tendre, fait remarquer son biographe, était en même temps une âme haute. Conscient que sa mission était une mission de premier ordre, il laissait ce sentiment inspirer toute sa vie morale et en régler les détails extérieurs.

Il gardait donc toujours sa dignité de maître chrétien : on pouvait le surprendre à toutes les heures, même à celles de l'abandon ; dans le langage, dans la tenue, il n'y avait ni bassesse, ni vulgarité, mais de la dignité toujours (1).

Cette attitude était innée chez lui ; dès le premier âge, il savait allier à la simplicité de l'enfance une gravité qui seyait à sa jeune physionomie. Dans sa robe d'enfant de chœur, à dix ans, il s'attirait l'admiration publique.

Plus tard, ajoute l'auteur déjà cité « aux grâces éphémères, trop souvent fragiles, de l'enfantine pureté, se substitua chez lui la virile beauté d'un cœur qui veut faire grand au service de Dieu et pour le bien des hommes, sans la recherche d'aucun intérêt personnel, sans poursuite ambitieuse, le regard en haut et les mains prêtes au travail. »

Ce sentiment de la dignité lui paraissait comme essentiel et quand, chargé d'années et d'expérience, il sera devenu Supérieur général de l'Institut, il écrira à un de ses Frères :

« Notre autorité morale sur la chère jeunesse se compose de la reconnaissance qu'elle nous doit pour notre sollicitude religieuse comme de l'estime que nous lui inspirons : d'où l'importance de notre dignité dans l'attitude, toujours et partout. »

A cette dignité cependant, il ne faut pas croire qu'il s'alliât une certaine hauteur dans le procédé ou dans le

(1) M. Paguelle de Follenay, p. 13.

langage : non, quand ils abordaient le Frère Joseph, ses élèves étaient sûrs d'entendre une parole douce, simple, toujours aimable. Phénomène rare chez les personnes qui ont vieilli dans l'enseignement, habituées à l'ingratitude et aux déceptions amères de l'existence, le Frère Joseph ne connut jamais ces heures maussades, où le pli sévère se grave sur le front, effarouchant parfois la naïve jeunesse.

Non, le zélé Directeur garda toujours la belle humeur des premières années : échappant aux atteintes d'un scepticisme pratique, il conserva jusqu'au bout pour tous ses élèves son sourire aimable et gai. C'est sans doute que, n'ayant placé ses espérances qu'en Dieu, les hommes ne pouvaient lui fournir que bien peu de déceptions.

Au reste, lui-même a révélé son secret, le jour où il a dit :

« — Si je ne faisais la méditation tous les matins, le chagrin m'aurait bientôt tué !... mais avec ce régime spirituel j'espère aller loin... »

Quand un maître aux premières heures du jour accueille ses élèves avec cette résolution, l'amertume ne peut guère pénétrer jusqu'à son cœur ; quels que soient les évènements de la journée, il s'est placé dans une atmosphère trop sereine pour être troublé par les bruits passagers de ce monde.

II

Mais, pour être profonde, l'action de l'éducateur chrétien ne saurait se borner à cet abord aimable qui distinguait le Frère Joseph : profitant de cette porte d'entrée et de la confiance qu'il s'attirait ainsi, il pénétrait dans les âmes, en sondait les replis, en découvrait les blessures et y portait le remède.

Souvent ce n'était pas l'affaire d'un jour : les maladies

des âmes sont délicates et demandent des soins vigilants continués pendant de longues semaines, de longs mois, quelquefois des années entières.

Le Directeur des Francs-Bourgeois ne s'effrayait pas de ces cures à longue échéance : il entreprenait ces traitements avec patience et en même temps avec une sûreté de main qui donnait confiance au malade.

Dans un cahier *ad hoc*, il consacrait une page à chacun de ses enfants, y consignait sans ordre, ni méthode, tous les faits qui pouvaient caractériser une nature, notait de temps à autre les progrès ou les défaillances, et prévenait les intéressés de leur état successif.

Ainsi rien n'échappait à sa vigilance ; le mal était souvent étouffé dans le germe et l'attaque la plus suivie était habilement conduite contre les défauts les plus invétérés.

Mais ce n'était pas seulement par le bien spirituel fait aux âmes que le Frère Joseph voulait s'emparer de l'esprit de ses disciples. Son principe bien établi était « qu'il faut enchaîner les cœurs par la reconnaissance. »

Or il semble qu'ici-bas on est plus sensible aux biens de l'ordre inférieur, et que ceux-ci ont le secret d'émouvoir davantage nos sentiments de gratitude. D'après ce principe, le Frère Joseph cherchait à être utile d'une manière ou d'une autre à ceux dont il voulait gagner la confiance. Ce moyen lui réussissait à merveille.

« Le bien matériel fait en vue de l'âme, les services rendus dans le dessein d'aider la vocation ou la persévérance, ç'a été un de mes grands moyens, écrivait-il au soir de sa vie. Dieu seul sait ce que j'en ai recueilli d'avantages et de fruits précieux, sans compter les bénédictions spirituelles qui pourtant sont la vraie récompense ! »

L'application de cette théorie engageait le cher Directeur dans une série ininterrompue et toujours renouvelée de démarches en faveur de ses élèves. « Pour eux, il se faisait solliciteur ; il allait trouver les chefs ou les employés supérieurs des administrations et des maisons de commerce, leur parlait de ses clients, de leurs aptitudes, s'efforçait de les intéresser à leur avenir; puis, au retour, renseigné sur les qualités et le savoir qu'on exigeait de ses candidats, il les exhortait au travail, les encourageait par la promesse de sa protection, par le récit des bonnes paroles qu'on lui avait dites ; il devenait insinuant, pressant, irrésistible ; on se mettait à l'ouvrage et, soutenu par son influence, on devenait un homme capable. Cette histoire est celle d'un grand nombre de personnages, qui lui doivent, à l'heure présente, une situation élevée dans le monde des affaires, du commerce ou de l'industrie (1). »

De ces rapports étroits et personnels entre le maître et les disciples résultait pour la maison qu'il dirigeait une véritable vie de famille. De fait, c'était bien un père, celui qui veillait ainsi à l'avantage matériel de ses enfants.

Lui-même se considérait comme tel : les joies et les succès des membres de l'Ecole ou du Cercle étaient ses joies et ses succès.

« Je suis content cette année, écrivait-il, nous avons obtenu des rangs élevés dans les concours, de brillants succès aux examens. »

Et il ajoutait ce mot d'un autre éducateur célèbre :

« Il faudrait que les chrétiens fussent les premiers partout !... »

Cependant, c'était peu pour l'âme de ce père d'avoir trouvé pour son enfant la voie dans laquelle il devait s'engager, la situation qui devait lui fournir les nécessités de l'existence ; sa sollicitude s'étendait plus loin encore, et il poursuivait son protégé dans toutes les phases et tous les intérêts de la vie.

« Son affection une fois donnée, nous apprend M. Paguelle de Follenay, il ne la retirait plus ; il la laissait s'étendre,

(1) M. Paguelle de Follenay, p. 30.

fidèle et attentive, comme une onde qui gagne de proche en proche, à la famille, à l'entourage de ceux qu'il aimait, à ceux qu'ils aimaient eux-mêmes. Ce grand serviteur de Jésus-Christ a imité son Maître, dont l'Evangile a dit : *in finem dilexit.* »

Sa joie était grande quand un de ses jeunes gens arrivait au mariage avec le trésor intact de sa foi et de sa vertu. Il avait alors le cœur en fête. La cérémonie nuptiale ne renfermait en son cortège personne qui fût plus ému, plus pénétré d'allégresse que ce religieux, qu'abritait grave et discret la modestie de son costume. Parfois, rentré dans sa cellule, il éprouvait le besoin d'épancher le trop plein de ses émotions dans le cœur d'un membre de son cercle, et de sa plume tombaient des lignes comme celles-ci :

« Je suis dans notre maison du faubourg Saint-Martin, auprès du chemin de fer de Strasbourg par où doit arriver à Paris la reine Victoria. Tout est bruit et rumeur ; de tous côtés le tambour bat, le clairon sonne, la population s'amoncelle et s'entasse. Moi, retiré dans une chambre écartée, je profite de ce moment pour vous écrire. Je sors des travaux accablants de ma distribution qui s'est faite hier.

« Que me font à moi ces déploiements et cette pompe? J'ai au cœur un évènement qui m'intéresse davantage : un jeune homme, *mon élève, mon ami, mon fils,* ne cédant qu'à l'appel de la Providence, va, dans trois jours, contracter des liens sacrés et immortels. La Religion va bénir son union, et une famille selon le cœur de Dieu va commencer sous les auspices de la foi et de la vertu. Tout le monde s'efface à mes yeux devant l'intérêt de mes élèves; que doit-ce être quand il s'agit de vous... et de votre mariage chrétien?

« Ne vous étonnez donc pas si je laisse à d'autres le plaisir de *voir*, pour venir m'entretenir avec vous.

« Et puis, je serai si heureux de pouvoir le faire de vive voix et d'admirer le travail de la grâce dans votre cœur! Déjà, il y a un mois, j'avais le bonheur d'assister au mariage de X... En le voyant, avec sa jeune fiancée, s'approcher pieusement de l'autel, je pensais à vous, car lui aussi présentait à Dieu vingt-six ans de foi et de vertu ; lui aussi offrira à son épouse le présent si précieux, mais si rare aujourd'hui d'un *cœur neuf encore*.

« Les anges doivent déserter le Ciel pour venir assister à un mariage ramené ainsi aux fins nobles et spirituelles de son institution divine ; ils doivent admirer que, dans un corps de boue, l'homme puisse ainsi remonter jusqu'au delà de la chute originelle.

« Voilà mes pensées habituelles; elles m'inondent d'une joie ineffable, car ce n'est pas un rêve que je fais ; dans trois jours ce sera une réalité heureuse pour vous.

« Bénissez la Providence de vous avoir admis dans le petit nombre de ceux qui donnent cet exemple au monde. »

Après avoir salué ses anciens élèves comme époux et fondateurs d'un foyer chrétien, le Frère Joseph ne pouvait manquer de les féliciter comme chefs de famille. A la naissance de chaque petit être dont il aimait à se dire *«l'aïeul»*, il arrivait avec sa gracieuse et courte épître, toute pleine de félicitations et de conseils discrets :

« Que le bon Dieu, mon excellent X..., donne à votre fils les excellentes qualités du cœur de son père : avec l'éducation de famille qu'il recevra, cet enfant sera votre consolation et votre joie, et c'est la grande grâce que je sollicite pour lui et pour vous, comme aussi pour sa courageuse petite maman.

« Quant à votre souvenir de mon amitié, n'est-il pas une bien douce récompense pour moi ? Quelle jouissance peut être plus douce que celle de vous voir chrétien sérieux, chef de famille digne de ce ministère... qui est un sacerdoce !

« J'avais deviné juste, et je faisais un travail digne d'un homme convaincu de sa mission, lorsque il y a dix ans j'espérais et je cultivais !...

« Bénissons le bon Dieu, mon bien cher et bien affectionné... et que les joies actuelles nous fortifient contre les épreuves futures, inévitables dans la vie de famille !

« J'embrasse votre bébé avec une affection de grand-papa, sans détriment de celle que je vous conserve. »

Si l'homme qui écrit ces lignes se sent sûr de l'affection qu'il inspire, c'est que lui-même a donné assez de garanties de ses propres sentiments personnels : et le ton des lettres que nous venons de citer montre assez l'influence que le Frère Joseph gardait sur les siens qu'il poursuivait ainsi de sa sollicitude dans toutes les phases de l'existence.

Aussi, si l'on veut juger par un dernier trait de la place que cet homme de bien avait su prendre à tant de foyers, que l'on se reporte au jour de ses funérailles et qu'on examine la foule qui suit son cercueil.

« Il y avait là, dit un témoin, des familles au complet, depuis l'aïeul jusqu'au dernier rejeton à la démarche encore incertaine, et l'on entendait les grands-pères et les pères dire aux femmes, aux filles, aux enfants : « Cet homme-là, il a été notre bienfaiteur à tous, et notre ami ; il a été notre appui pendant notre jeunesse ; la famille lui doit beaucoup, car elle lui doit la foi et la vertu de ses chefs. » Et rien ne peut exprimer le ton pénétré sur lequel ces paroles étaient prononcées, l'expression des regards mouillés par les larmes, le respect avec lequel les fronts découverts s'inclinaient. On devinait qu'il y avait à revivre dans ces cœurs de vieillards, d'hommes mûrs, de jeunes époux, tout un monde de souvenirs remués par la mort du Frère Joseph, souvenirs des crises dangereuses auxquelles on aurait succombé sans le secours de son amitié, souvenirs peut-être des repentirs salutaires qu'il avait fait naître, souvenirs des services qu'il avait rendus, souvenirs de ses reproches voilés et des prévenantes attentions dont il possédait le secret. »

CHAPITRE VII

Sa douce Fermeté

A l'Ecole. — Au Cercle.

I

Quand Dieu fit le cœur de l'homme, a-t-on dit, il y plaça tout d'abord la bonté ; le cœur du père renferme donc des trésors de tendresse, mais si son amour suffit à la mission qu'il a reçue du ciel, il doit aussi lui inspirer les résolutions énergiques capables de maintenir dans le devoir l'enfant confié à sa tutelle.

Le Frère Joseph fut père avec toutes les effusions de sa tendresse, il fut père avec toute la fermeté qui doit présider à la formation intellectuelle et morale des nombreux enfants que la Providence lui envoya.

Si donc la bonté chez lui fut toujours la qualité dominante, elle n'empêcha pas l'active vigilance et le contrôle sévère ; mais, suivant l'heureuse expression d'un éloquent évêque, sa main ne paraissait pas, « il la cachait derrière son cœur. »

Le principe de sa fermeté ne provenait en rien d'un désir d'imposer sa volonté ou même de donner satisfaction à la règle ; non, elle partait d'un principe plus élevé. Il se croyait obligé d'habituer l'enfant à la lutte et à la guerre à outrance contre tous les instincts mauvais. Sa fermeté était donc entièrement celle qui convenait à l'éducateur.

Un de ceux qui se sont le plus appliqués à faire ressortir

tous les traits de cette intéressante figure a voulu compléter son étude par l'*interview* d'un de ses anciens élèves.

Il lui posa d'abord cette question :

« — Je sais que vous avez toujours eu pour le Frère Joseph un profond attachement ; dès votre enfance il vous avait séduit ; mais, voyons, maintenant que vous pouvez juger les choses à distance, dites-moi ce qui vous attirait dans le Frère Joseph. N'est-ce pas la douceur et la bonté paternelle qui vous faisaient voir en lui un maître indulgent pour vos faiblesses ?...

— Non, certes, répondit vivement l'interpellé ; notre première impression, quand nous entrions dans le cabinet du Directeur, surtout après une faute commise, n'était pas celle de la confiance folâtre qu'inspirent les gâteries. Nous étions d'abord saisis par un sentiment de respect profond ; il y avait dans sa tenue religieuse beaucoup de dignité, une sorte de majesté, tempérée par la modestie. Puis, quand il nous parlait, c'était avec tant de calme, et toujours en invoquant les motifs les plus élevés ! Jamais ces petites menaces qui l'auraient abaissé au rôle de surveillant ; jamais le ton glacial de l'indifférence administrative. Il nous donnait toujours à entendre, même après nos plus lamentables sottises, qu'il nous savait capables de très bien faire, qu'il nous estimait et qu'il comptait sur nous pour honorer la maison à laquelle nous appartenions. On se sentait tout à coup transporté dans la sphère des hautes pensées et des sentiments généreux. C'est seulement dans la suite, au moment du départ, surtout si les larmes avaient coulé, qu'il nous donnait quelques marques sensibles de son affection. »

Ce portrait, on le voit, n'est pas celui d'un maître faible, cherchant à se faire une popularité équivoque par une indulgence mal placée, et le pardon facile des infractions à la règle.

Bon, il est vrai, mais digne et ferme, le Directeur plongeait son regard profond dans l'œil troublé du délinquant. Quand celui-ci avait donné ses explications d'un ton plus ou moins assuré, alors venait le reproche, toujours mesuré, calme, mais allant droit au but.

C'était à la conscience qu'il s'adressait, et l'enfant, ainsi traité en homme, n'avait plus qu'à rougir de sa faiblesse.

On se rappelle qu'une fois, le Frère Joseph ne dédaigna pas de recourir au châtiment corporel alors en usage dans les écoles : il est vrai qu'il y renonça à tout jamais, tant ce procédé lui répugnait. Mais si sa main resta toujours désarmée, son regard et sa parole ne manquèrent jamais de redresser un coupable.

Dans sa longue carrière de directeur, il dut même avoir recours plus d'une fois à des procédés d'inflexible sévérité. Il fut contraint de se séparer d'élèves qu'il aimait, mais dont l'exemple pouvait devenir dangereux pour la maison.

A différentes reprises, on le vit entrer dans une classe, montrer d'un geste une place vide et dire d'une voix attristée mais ferme :

« — Celui qui était ici n'y reviendra jamais. Il n'était plus digne d'être votre camarade!... »

Une autre fois, la faute ayant été publique, le Directeur ne craignit pas d'expulser le coupable devant ses condisciples :

« — Prenez vos livres et partez ; malheureux, vous déshonorez cette maison ! »

Et en disant ces mots qui lui étreignaient la gorge, sa voix tremblait. L'élève dut sortir sans en dire plus long : mais la scène avait suffi pour répandre une émotion profonde dans tout le peuple des écoliers, qui courbaient la tête comme sous le poids d'un grand malheur.

Une autre fois, il entra tout à coup dans la petite salle où les académiciens étaient réunis ; puis, sans rien dire, promenant ses regards sur les portraits photographiques des anciens sociétaires rangés sur les murs, il détache l'un d'entre eux, le jette à terre et se retire. On juge de l'effet produit par cet acte de rigueur, motivé par la mauvaise conduite notoire du sujet.

II

Heureusement pour tous, ces actes de rigueur étaient rares; ce qui l'était moins, c'étaient les admonestations fermes et dignes, le rappel au devoir, à l'obéissance, au travail, au respect de l'autorité.

L'intervention du Frère Joseph était journalière et produisait surtout chez les plus âgés les meilleurs fruits. C'était principalement avec les membres du Cercle, plus capables de comprendre ce langage, que le Directeur employait cette méthode, tenant chacun en haleine et indiquant le défaut à corriger. Non seulement il faisait venir ces jeunes gens dans son cabinet, mais souvent il les entretenait par lettre de choses plus délicates, toujours difficiles à aborder de vive voix.

Parfois c'était un billet laconique comme celui-ci :

« — Mon enfant ! On m'a donné hier une nouvelle qui m'a produit un effet que je ne puis vous rendre. Vous devinez !

« Ce n'est pas vrai, n'est-ce pas ? Alors venez me le dire.

« Si c'est vrai, alors contentez-vous de m'écrire.

« A tous les points de vue, vous comprendrez la forme de cette lettre. »

Le jeune homme qui s'était oublié ne manqua pas de se rendre à l'appel qui lui était adressé sur ce ton incisif.

D'autres fois, c'était une longue lettre qui tombait de la plume du Frère Joseph avec des ménagements, mais l'appel au sacrifice.

« Je crois être sérieux et loyal dans mon affection avec vous ; *vous pouvez donc être tranquille sur les conséquences* de votre refus : je ne me sens nullement porté à m'en blesser.

« Mais je dois vous dire la vérité : ce refus m'étonne et me peine, car j'avais cru que votre cœur reconnaissant et chrétien vous ferait saisir avec empressement cette occasion de prouver votre dévouement au Cercle. — Est-ce que les services moraux qu'il a rendus à votre jeunesse ne sont pas équivalents à un sacrifice d'amour-propre légitime et bien placé ?

« Voilà ma pensée, mon cher enfant; je vous la livre sans restriction aucune, puisque ni vous ni moi n'en mettons à notre réciproque confiance.

« Je tiens à vous le répéter : quoique je regrette et désapprouve votre attitude d'Achille retiré sous la tente, laissant battre les Grecs, je n'en suis pas moins le plus affectionné de vos amis. »

Ce langage austère, le Frère Joseph le faisait entendre surtout pour signaler à ses enfants leurs défauts de caractère. Dans la lettre suivante on en trouve un exemple frappant.

Le prélude à lui seul marque la solennité de l'avertissement :

« Gardez cette lettre, mon ami ; vous la relirez dans quatre ou cinq ans. »

Puis le Directeur en vient au fait :

« Je veux vous dire, mon cher enfant, que vous ne trouverez *jamais* un patron qui vous convienne, si vous ne voulez pas être un employé pour de bon. Or, qui dit employé, dit *très humble, très soumis* et *très silencieux* serviteur.

« Si j'en crois vos conversations avec moi, vous n'avez pas encore compris cela... suis-je dans le vrai? oui, n'est-ce pas?

« De plus, le désir de vous faire enfin *une position* doit vous dominer au point de vous rendre *liant, souple,* parfois même *obséquieux*. Ne vous scandalisez pas de mon langage : ce que je demande peut s'accorder dans des conditions qui n'ôtent rien à la dignité du caractère.

« Ah! mon ami ! il y a de la grandeur à savoir se plier,

se taire et se soumettre... parce que c'est nécessaire... ne serait-ce que la grandeur que donne le sens commun. »

Et parfois le reproche prenait encore un caractère plus particulier d'acuité.

Il n'y a qu'un père qui puisse tenir le langage qu'on va lire : cette lettre suffirait seule pour montrer l'autorité que le Frère Joseph exerçait dans son empire :

« Vous êtes, mon ami, trop exigeant de *vous-même* et *des autres :* ce qui vous rend, pour vous, *scrupuleux, etroit, gêné,* et pour les autres, *susceptible, jaloux, difficile.* — Depuis des années, je crois vous avoir donné la plus grande marque d'intérêt en vous montrant *vous-même* à *vous-même,* et je n'ai pas toujours réussi à vous persuader. Or, dans votre lettre, je trouvais le moyen de vous surprendre sur le fait, et, sans pitié, je vous dis la vérité, ou du moins, ce que j'ai cru la vérité. — Je savais bien que je vous ferais saigner le cœur, que vous seriez blessé au vif, mais si, par là, je vous ouvrais un peu les yeux sur des bagatelles qui menacent de devenir de vrais défauts, ce qui vous empêcherait d'être estimé et estimable comme vous le méritez au fond, — ai-je eu tort, vous ai-donné le droit de me croire froissé ? — Allons, grand enfant, embrassez-moi vite et comprenez-moi un peu.

« Gardez cette *sèche* lettre, et dans dix ans, si vous avez le bonheur d'aimer encore le bon Dieu et la vertu, c'est celle dont vous me remercierez le plus.

« *Il faut, entendez-vous,* IL FAUT ABSOLUMENT que vous corrigiez ce caractère petit et étroit, qui fait que vous ne voulez rien pardonner, ni à vous, ni aux autres. Quiconque vous approche doit être parfait : confesseur, confident, amis, etc., etc... Mon cher enfant, comprenez donc enfin que vouloir être trop parfait, c'est orgueil, et que trop exiger des autres, c'est petitesse et souvent égoïsme.

« Si vous saisissez ces quelques idées, jetées à la hâte, vous comprendrez que j'aie pu vous écrire ces terribles lignes, et cependant continuer à vous aimer comme un ami qui fait ma consolation, un élève qui fait ma gloire ; trêve donc là-dessus ! »

Après ces témoignages, on n'hésitera plus à croire que le Frère Joseph sut remplir le rôle d'éducateur avec toute l'autorité qu'il comporte. Il fut père et gardien vigilant de l'âme de ses enfants : voilà pourquoi parfois il dut se montrer sévère.

Disons cependant — pour être juste et donner à notre appréciation la mesure qu'elle comporte — que la sévérité coûtait toujours beaucoup à sa nature aimante. Ces exécutions dont nous parlions tout à l'heure le rendaient triste et souffrant pour plusieurs jours : et la parole de reproche ne tombait qu'avec peine de ces lèvres faites pour le sourire doux et aimable.

Mais pour être contraire à sa nature, la fermeté n'en fut pas moins une de ses vertus et voilà pourquoi il fut un bon maître, un éducateur exempt de faiblesse.

CHAPITRE VIII

Sa Correspondance

Grâce de son Style. — Tendresse de son Ame. — Précieux Conseils.

I

Les chapitres précédents nous ont révélé les procédés du Frère Joseph avec la nombreuse jeunesse qui l'entourait et à l'Ecole et au Cercle des Francs-Bourgeois ; nous avons vu les heureux effets de son abord aimable mais digne, puis l'autorité de sa science et de sa vertu, enfin l'influence de son action ferme mais surtout pleine de bonté et de dévouement paternel.

C'est l'ensemble de ces qualités qui forma la gloire du Directeur des Francs-Bourgeois, et fit de lui un souverain dans son empire : il fallait le voir, aux jours solennels, entouré de sa nombreuse famille qui se disputait sa parole et son sourire aimable. Le nouvel an était surtout l'occasion d'une de ces scènes ravissantes : alors accouraient au Cercle de la Jeunesse tous ceux qui jadis en avaient été les membres actifs et que maintenant leur situation disséminait dans tous les quartiers de Paris. Il y avait des prêtres, des religieux, des soldats, des pères de famille entourés de leurs enfants : c'était un spectacle inoubliable.

Le Frère Joseph avait un mot pour chacun et « prenait occasion de cette réunion de famille pour rappeler à ses fils l'amour de Dieu, le culte filial de la Très Sainte Vierge, le respect de soi-même, l'attachement à l'Eglise, la pratique des vertus. »

Mais ces relations éloignées ne suffisaient pas à sa tendresse et à son zèle : il souffrait de voir lui échapper les aînés de la famille et sa parole ne pouvant les atteindre, il y suppléait par la plume. De là une correspondance fort étendue que les témoins de sa vie ont à peine soupçonnée.

Le Frère Joseph écrivait beaucoup : chaque jour sa table de travail était chargée d'un nombre considérable de lettres qui n'étaient pas de vulgaires billets d'affaires, mais de longues épîtres où, avec la grâce de son style, s'épanchaient la tendresse de son âme et ses plus précieux conseils.

Chose étrange ! cette volumineuse correspondance voyait le jour sans que son auteur se dérobât en rien à l'exercice du devoir professionnel. C'est qu'il avait le don d'écrire de longues pages en peu de temps; il avait la plume agile. A mon sens, dit l'un de ses biographes, cette facilité était due à l'exquise délicatesse de son âme, en qui les sentiments se dessinaient promptement avec leurs nuances les plus fines, et à la candeur qu'il mettait à exprimer ce qu'il ressentait (1).

Au reste, le travail de la correspondance était à ses yeux un devoir d'état pour un maître chargé de la jeunesse. C'est lui qui disait un jour :

« La correspondance avec les jeunes gens, anciens élèves, est pour un professeur vraiment apostolique un moyen efficace de continuer et affermir son travail éducatif. Mais à condition que la correspondance, comme la conversation de vive voix, sera un moyen inspiré par le zèle, dirigé par la foi, sanctifié par l'éloignement de tout attachement naturel. »

C'est à ce sentiment qu'obéit le Frère Joseph en se livrant à ce labeur quotidien. Il est vrai que la nature l'avait admirablement doué pour ce genre d'influence : une phrase

(1) M. Paguelle de Follenay, p. 49.

aisée, élégante, gracieuse, et cependant manifestement dépourvue de toute recherche, faisait lire ces lettres comme un régal et enlevait à certains conseils toute l'aspérité d'un reproche.

Qu'on en juge plutôt : voici d'abord le récit d'une cérémonie nuptiale, car le bonheur des autres avait toujours le talent de toucher profondément le cœur du Frère Joseph :

« C'est samedi que la victime a été immolée, et, certes, le sacrifice a été d'une solennité capable de produire une grande impression. Un mariage de première classe, au chœur de Saint-Leu ; une assistance brillante, nombreuse, sympathique ; des chants harmonieux exécutés religieusement par des voix amies ; un discours où la beauté de la forme n'était surpassée que par la délicatesse des pensées et par la sublimité des enseignements ; enfin une réunion de soixante-dix à quatre-vingts amis, à la tête desquels étaient L... et V..., moi et quatre de mes Frères, etc., etc... C'était beau, je vous assure, mais mon cœur ému ne voyait que notre ami, dont la tenue était digne de la foi et de la piété que nous lui connaissons... Ah ! le mariage préparé et reçu d'une telle manière est vraiment ce que l'Eglise l'appelle, une *grande chose*.

« Déjà, l'entrée de notre cher ami avait profondément émotionné tout le monde ! Au milieu des riches et brillantes toilettes des jeunes femmes de ses amis, il nous était apparu conduisant sa vieille mère, dont l'antique et plus que simple costume contrastait singulièrement avec le luxueux cortège, et l'entourant de soins et d'égards qui disaient son respect et son amour filial.

« Ah ! oui, c'était un noble et un digne spectacle... ou, plutôt, c'était chrétien, comme l'esprit et le cœur de notre ami.

« Cette journée sera l'un des plus doux souvenirs de ma vie : ce jeune homme de trente-quatre ans, apportant à l'autel un cœur pur, une âme chaste, un corps vierge ;...

cet introuvable groupe de soixante beaux jeunes gens formant un cortège angélique à leur guide et modèle dans la piété et les bonnes mœurs ; ces prêtres, ces religieux, donnant à cette réunion ce cachet catholique qui est le secret des belles choses ; cette voix de L... modulant ses suaves accords, soupirant d'ardentes prières ; ces jeunes et chrétiennes familles entourant le nouveau couple comme d'une auréole de grâces, de jeunesse, de bonheur ; n'est-ce pas qu'il y a dans ces réalités, que la Foi a produites, un parfum d'enivrante et chrétienne poésie qui perpétuera le souvenir de ce beau jour ? »

Puis le bonheur paisible du foyer chrétien avec tous ses charmes lui dicte ces lignes gracieuses adressées à une jeune enfant, fille d'un des membres du Cercle :

« J'admire d'ici le *petit nid* qui vous rend si heureuse, qui vous fait si bien apprécier les tendres sollicitudes dont vous êtes l'objet. On doit y être bien ! Il doit être de bon goût ! Mais un grand mérite pour moi, c'est que vous y êtes heureuse !...

« Chère petite ! après avoir remercié Dieu et vos bons parents, goûtez sans crainte et sans mesure votre bonheur !...

« Lorsqu'il aura fini, comme tous les bonheurs d'ici-bas, il vous en restera un souvenir doux et parfumé... le souvenir de l'innocence, de la ferveur religieuse, de la piété filiale, du dévouement passionné à tout ce qui est bon et juste ! Je prie Dieu, chère enfant, de mettre son ange à la porte de votre sanctuaire, pour qu'il en défende l'entrée à tout ce qui pourrait troubler votre bonheur ou altérer la sérénité de votre paix ! »

Y a-t-il rien de plus gracieux que ce pieux et zélé religieux, directeur d'une maison si importante et consentant à passer quelques minutes à s'entretenir avec cette naïve enfant ? C'est que les saints ont toujours aimé le contact de l'innocence : au reste le Frère Joseph — sans se départir de son aimable dignité, — savait prendre le ton enjoué et plaisant, si bien accueilli des gens du monde : écoutez le passage de la lettre suivante :

« Je suis bien longtemps à vous répondre, n'est-ce pas ? c'est qu'il m'a fallu du temps pour me remettre du coup que votre nouvelle m'a porté !!!...

« Comment ! vous aussi avez une fille ! et vous m'annoncez cette nouvelle en riant, en plaisantant !...

« Votre mère va même jusqu'à se féliciter de ma déception !!!... c'est par trop fort..., je ne m'attendais pas à cela de vous. Pour achever, tout le monde se moque ici de moi et dit en riant : Ce pauvre Frère Joseph ! il n'a pas de chance !

« Il n'y a que L... qui me console et me promet de ne pas vous ressembler... Sans ce rayon d'espoir, je ne sais vraiment pas ce que je deviendrais.

« Tremblez !!! et, si vous craignez ma colère, hâtez-vous de m'*adoucir* en m'envoyant *beaucoup* de dragées.

« Je consens à vous embrasser par un reste d'habitude ; mais ne vous flattez pas de m'avoir impunément manqué. D'ici à dimanche, je vais prier le bon Dieu de vous rendre de plus en plus chrétien, afin que vous soyez un père selon son cœur.

« J'aurais une envie démesurée de me fâcher contre votre mère qui m'a nargué ; mais, hélas ! tant de consolations d'épouse lui ont manqué... Je n'ose vraiment lui disputer son premier bonheur de grand'mère... Que le bon Dieu lui donne, dans cette chère et dévouée enfant, tout l'arriéré de joie et de bonheur dont elle est si digne !

« Je me recule de trois pas pour rendre mes profonds et respectueux hommages à la belle couronne de bisaïeule qui resplendit sur le front de maman Gâteau. Je ne désespère pas de la voir un jour à la noce de *Rosette*...

« S'il est vrai que les honneurs et les dignités changent les hommes, il est prouvé que les mamans en deviennent meilleures.

« Je m'en réjouis, car je n'aurai pas tant de vilains compliments.

« En attendant, j'espère qu'on me permettra toujours de vous embrasser avec affectueuse tendresse. »

II

N'est-il pas vrai que des lettres comme celles qu'on vient de lire devaient apporter le plaisir et la joie aux foyers de ceux qui avaient le bonheur de les recevoir ?

Mais le Frère Joseph, en prenant la plume, n'avait pas pour but de montrer les ressources de son talent et les charmes de son esprit : d'autres soucis l'inquiétaient et le professeur de littérature s'effaçait bien vite pour faire place avant tout à l'homme de cœur.

Oui, c'est bien le cœur qui gémit et soupire dans les lignes qui suivent où le cher Directeur déplore la perte du fils que la mort vient de lui ravir :

« Mon année s'est terminée dans le deuil, car, le 10 décembre, je perdais encore un enfant... je lui donne ce nom, car, malgré ses trente-cinq ans et sa qualité de chef de famille, il avait conservé l'habitude de ses dix-huit ans, et ne m'appelait jamais que son *petit père*, même sur son lit de mort. Il a été sublime devant la mort qu'il attendait depuis deux ans !... pourtant il lui fallait quitter une jeune femme digne de son affection et deux charmants petits garçons de six et huit ans !

« A sa femme, il disait : Tu vois, je vais à Dieu... t'attendre...; mais, pour nous retrouver, il faut suivre le même chemin... sois donc encore plus chrétienne. » De ses enfants, il me disait : « Vous veillerez à leur éducation. » Et sur ma promesse, il ajoutait : « Je meurs tranquille. » Son confesseur me disait : « C'est le plus vaillant chrétien que j'aie encore vu... » En juin dernier, il avait dû partir pour Biarritz ; je lui avais donné le *Livre des malades*, de l'abbé Perreyve ; il en a fait son vade-mecum jusqu'à son dernier moment... Que de telles morts sont rassurantes ! »

D'autres fois pour être moins explicite, sa douleur n'en était pas moins profonde :

« Mon fils Léon est mort hier matin après une agonie de plusieurs semaines. Je ne pleure pas... Ce cher enfant souffrait tant ! Je ne le regrette pas, il doit être si bien là-haut !... Mais que je me sens le cœur malade, et que je voudrais être seul !... »

Ces lettres en effet ne sont pas des consolations, des condoléances plus ou moins banales à l'adresse des personnes estimées ou aimées ; non, ce sont des cris du cœur, des cris de souffrance personnelle, revêtus de la forme de l'éloquence la plus émue.

« Voici trois semaines, écrit-il une autre fois, que j'ai reçu votre lettre, et peut-être que mon silence vous étonne et vous fait de la peine.

« Hélas ! je voudrais n'avoir pour motif d'excuse que les travaux de ma rentrée ; je consentirais même à ce que vous m'accusiez, certes bien injustement, d'indifférence et d'oubli pour vous, l'un de mes meilleurs amis ; mais je suis trop excusé par le coup affreux qui m'a frappé...

« Les imprimés ci-joints vous disent mon malheur. Cinq minutes ont suffi pour engloutir dans la mort tout ce que mon fils adoptif, X..., avait de richesses de l'âme, de dons de l'esprit, de charmes du corps, d'avantages de la fortune et de la position !

« Je l'aimais à l'égal de L..., et lui m'avait voué une filiale tendresse que Dieu seul connaissait.

« Et puis, avec L..., il avait été mon collaborateur constant, dévoué et utile dans l'œuvre !!!

« Mon pauvre L..., plaignez votre ami, le Frère Joseph !

Il vient de recevoir le plus rude et le plus douloureux des coups dont son cœur sensible ait encore été frappé!!!

« Le dimanche 6 octobre, X... était près de moi à la messe de l'Œuvre, resplendissant de santé et de grâces extérieures. Son front me semblait plus que jamais brillant de joyeuse candeur et son visage plus éclatant de cette innocente et chaste beauté qui frappait tout le monde. En me quittant, vers onze heures, il revint par trois fois m'embrasser avec cette filiale tendresse qu'il me montrait en tout et partout. Je m'étonnais intérieurement de cette triple caresse, mais je l'attribuais à l'absence qu'il devait faire le soir... Hélas! à onze heures et demie, on m'éveillait en sursaut; une voiture m'attendait pour me conduire près de X..., que je retrouvais cadavre!...

« Après dîner, chez un de ses amis à Bercy, où l'on célébrait le baptême d'un petit enfant, on l'avait prié de chanter, et il était mort pendant qu'on l'applaudissait.

« Je vous laisse à penser l'état de ma pauvre âme en retrouvant ainsi ce fils, l'un des plus chers parmi ceux que le demi-pensionnat m'a donnés!

« Bien que quinze jours se soient écoulés depuis ce jour néfaste, je ne suis pas revenu du coup affreux que j'ai reçu, et mon cœur tressaille encore d'émotion, lorsque vingt fois par jour je crois entendre X... me parler.

« Cependant, personne mieux que moi ne peut se consoler. Cette âme, je la savais dans ses derniers replis, et j'avais sondé les abîmes de chaste dévouement et de vraie piété qu'elle renfermait. Aussi n'ai-je pas eu l'idée de m'inquiéter de son éternité : X... est un ange...

« Si vous aviez vu l'Œuvre et les amis de X... dans ces jours de deuil!!!...

« Ah! si la perte de cet enfant n'était pas à mon cœur une plaie incurable, je serais guéri par tout ce que j'ai vu de beau, de digne, de noble, de tendre, de délicat, de religieux dans le cœur et dans les actes de mes amis.

« Je m'arrête, en vous priant de recommander à Dieu l'âme de mon fils X... et le cœur brisé de son père.

« Au revoir, mon bien cher et bien affectionné. »

Mieux qu'aucune autre considération, ces pages émues révèlent le grand cœur de celui que nous voulons faire revivre près de nos jeunes lecteurs. Ils liront donc avec plaisir la lettre suivante écrite encore dans une circonstance analogue ; c'est toujours la mort avec sa triste séparation qui fait vibrer l'âme du Frère Joseph :

« Depuis deux jours je pleure sur une nouvelle séparation... Un de mes enfants, orphelin de père et de mère, et sans la moindre fortune, à qui, depuis trois ans surtout, époque de la mort de sa pauvre mère, j'ai dû tenir lieu de famille, venait de quitter l'Ecole polytechnique ; il eût pu avoir une carrière civile, mais il avait été séduit par le brillant de la vie militaire, et m'avait demandé de ne pas m'opposer à son choix. Je ne le devais pas...

« Si vous aviez vu le bonheur de ce pauvre enfant, lorsqu'il se vit pour la première fois sous l'uniforme des officiers de l'Ecole d'application ! Après ses vacances passées à travailler, rue Saint-Antoine, il entrait enfin à son école, le 4 courant, mais pour y tomber malade le 7, et y mourir le 15 d'une fièvre typhoïde ! Averti dimanche soir, j'étais près de lui lundi matin, mais, hélas ! pour acquérir la cruelle certitude qu'il n'y avait plus d'espoir.

« Il mourait en effet le mercredi matin... et hier on le déposait, en grande pompe militaire, dans le cimetière de Fontainebleau, où personne ne pourra venir visiter sa tombe, sauf moi, dans mes rares et rapides passages.

« En dehors de la foi, que c'est triste ! voilà un pauvre enfant, déshérité de famille et de bonheur, qui meurt au moment où l'avenir s'ouvrait devant lui, brillant et assuré, où tout lui promettait une position digne de son intelligence et de ses aptitudes !!! Mais la foi... Ah ! la foi ! comme elle me montre autrement les choses !... et l'aspect qu'elle lui donne est la réalité..., le reste n'était que trompeuses et fausses apparences.

« Or, la réalité, pour mon cœur de père, est celle-ci : mon

enfant est retourné à Dieu intact... le vice ne l'avait pas encore souillé... en eût-il été longtemps ainsi ? en garnison ?... Il est mort s'étant confessé trois fois en pleine connaissance, et ayant reçu l'Extrême-Onction... Il est assuré donc d'un avenir bien autrement brillant et solide que celui qu'il avait entrevu dans ses rêves de jeune homme.

« Il est mort..., c'est triste, mais qui l'eût aimé ici-bas?... et lui, le cher enfant, qui eût-il aimé ? tandis que son cœur virginal, même dans le purgatoire, est déjà consumé de l'amour divin... Amour sans bornes, sans erreurs, sans faiblesses, sans fin comme sans mesure.

« Et puis, en Dieu, il aime sa mère qu'il a retrouvée et qui était une sainte femme... il aime sa maison d'éducation où il a tant reçu.

« Il comprend et il apprécie la sollicitude religieuse dont il a été l'objet... Un saint, au ciel, ne m'est-il pas plus honorable qu'un général... un maréchal de France ici-bas ? Ces pensées n'éteignent pas les paternelles mélancolies qui m'enlacent et m'étreignent le cœur depuis cinq jours, mais elles me consolent doucement... Je vais même jusqu'à remercier Dieu de s'être chargé *lui-même* de mon pupille, à qui il a fait un sort que j'envie : quitter la terre pour aller à Dieu !... Ah ! ne plaignons pas les chers nôtres à qui est échu ce divin partage, mais vivons pour Dieu, en union avec eux ; méritons par la patience le même bonheur.

« Priez pour moi et pour mon cher enfant... et quand vous irez prier sur votre tombe aimée, songez à cette tombe délaissée et faites l'aumône d'une prière à la chère âme de mon fils défunt. »

Ces lettres sont longues, elles sont nombreuses; mais nous voudrions les multiplier encore pour mieux faire connaître le zélé Directeur. « Quel cœur révèle cette correspondance ! dirons-nous avec celui à qui nous devons le bonheur de la lire (1). Quelle sensibilité vraie et profonde dans cette

(1) M. Paguelle de Follenay

âme d'apôtre ! Quel trésor de tendresses sagement tempérées par la foi ! Il est évident que cette nature était prompte à se donner, généreuse dans ses affections. La mort, dont la main cruelle rompt tous les liens que la chair a formés, n'atteignait les saintes amitiés du Frère Joseph que pour les dégager de l'élément temporel et grossier, les pénétrer davantage de l'élément divin, sans rien leur enlever de leur tendresse et de leur chaleur.

« Il n'était pas seulement fidèle jusqu'à la mort ; il l'était au-delà. Dans sa correspondance il parle volontiers de ceux qui ne sont plus ; c'est un sujet auquel il revient souvent ; personne n'a eu plus que lui le don de consoler en ouvrant les perspectives de l'éternelle communion de nos amours dans le sein du Très-Haut ; on devine qu'il était en commerce fréquent avec ceux qu'il appelait nos *chers partis ;* il pensait à eux ; il allait vers eux en suivant la pente spontanée de son cœur. »

Voici sur ce grave sujet quelques extraits de ses lettres : elles sont adressées à la veuve d'un de ses anciens élèves :

« Inutile de vous dire que pendant ma retraite j'ai pensé à vous, et à lui... Si souvent en présence du Maître, c'était le cas, ou jamais, de songer aux amis. Admirable économie des choses de la foi, qui nous permet d'aimer dans tous les temps, *efficacement,* ceux à qui on a voué ses affections !... N'est-ce pas une chose des plus douces à un cœur bien fait que cette certitude de pouvoir se mettre en communication avec une âme aimée, de lui être utile en sollicitant pour elle les faveurs célestes, de pouvoir se dévouer dans toute l'étendue du mot, se sacrifier même à ses intérêts, sans autre récompense que la conscience intime de notre désintéressement et de notre amitié ? Et ce doux commerce n'est pas interrompu par la mort ! bien au contraire, puisque la foi nous donne la double assurance que l'ami absent de ce monde est devenu notre intercesseur, s'il est déjà dans la gloire, ou que nous sommes le sien, s'il est dans la souffrance.

« Grâce à ces consolantes croyances, qui font partie de la foi catholique, nous avons toujours une affection pour notre cœur, une intention pour nos prières, un motif de tous nos actes, de toute notre vie.

« Ah ! leur souvenir fait notre vie, car, ce que nous souffrons dans notre existence, nous allons même jusqu'à l'aimer pour eux ; *parce que, par cette conformité aux vouloirs* divins, nous joignons notre vie terrestre à la céleste et *éternelle harmonie qui fait la récompense des justes.*

« Voilà que j'en suis à la quatrième page sans vous avoir parlé de la retraite. — J'ai suivi mon cœur qui aime à penser aux bien-aimés partis !... »

Quel langage élevé et profondément chrétien ! mais aussi quelle suave consolation pour le cœur qui pleure !

« ... Vous ne serez pas seule demain à penser au cher *parti,* comme disent les Anglais, reprend un autre jour le Frère Joseph ; ici et ailleurs des cœurs battent à l'unisson du vôtre, des âmes religieuses s'uniront à vous pour prier, pour pleurer, mais surtout pour espérer. Espérer ! que cette pensée est douce à ceux qui restent ici-bas... après le départ de ceux que Dieu a rappelés à lui. Espérer ! que dis-je ? C'est mieux et plus qu'une simple espérance, c'est une certitude que nous nous retrouverons avec les chers partis ; de quelques jours seulement, ils nous ont précédés au repos et à la récompense ; notre place auprès d'eux est assurée à notre foi persévérante.

« Allons ! pas de larmes ! *Eux* sont heureux !... *nous*, nous méritons notre bonheur, c'est-à-dire notre réunion avec eux. Encore une fois, pas de larmes ; pleurer sur eux, c'est manquer de foi... pleurer sur nous indiquerait un défaut d'espérance.

« Mais, en revanche, prions ! Oui ! que tout le trop-plein de notre pauvre cœur s'échappe en flots de prières ferventes et émues, elles seront peut-être utiles à ces chères âmes ; elles payeront une partie de notre dette de reconnaissance envers Dieu ; vous ne pouvez le nier, ce malheur affreux selon la nature a été pour vous l'occasion de grâces signalées... que pouviez-vous mériter pendant votre bonheur ?... Qu'auriez-vous porté au bon Dieu le jour où, vous aussi, vous paraîtrez devant lui pour commencer cette vie qui ne finira jamais ? Je m'arrête... est-ce bien le jour de *vous dire de ces énormités ? Demain donc je penserai à vous,* à lui... à Dieu surtout ! »

Jeune homme, qui ignorez la souffrance, vous trouverez peut-être ces lettres bien longues et bien fastidieuses : attendez encore quelques jours et quand la main du malheur se sera appesantie sur vous, relisez-les, vous les comprendrez mieux, et vous saurez alors combien il est précieux d'avoir un consolateur et un père comme le Frère Joseph.

III

Mais le zélé Directeur n'était pas, nous le savons, qu'une âme sensible et bonne : il avait surtout le désir d'être utile et de faire le bien ; voilà pourquoi dans sa correspondance il se montre encore le meilleur des conseillers.

A l'école des Francs-Bourgeois, le Frère Joseph enseigna longtemps la littérature : ayant à former ses élèves aux beautés de la langue française il leur conseillait la lecture des modèles et excitait en eux le goût du beau.

Cependant ce maître, dont l'esprit était si juste, savait discerner les inconvénients que peut offrir une culture littéraire exagérée pour certains jeunes gens d'imagination vive et de volonté faible. C'est pourquoi il écrivait :

« Quand vous aurez vieilli dans les nobles et saints labeurs de l'éducation chrétienne, vous saurez par de douloureuses expériences que les littérateurs et les poètes parmi *nos* jeunes gens sont rarement autre chose que des esprits frivoles et rêveurs, sans virilité morale, et n'ayant que des impressions au lieu de principes. Surtout la lecture exagérée et mal dirigée les tue, comme esprits pratiques et comme chrétiens. »

Aussi, d'après ce principe, le Frère Joseph ramenait toujours les siens, au point de vue du travail, à un seul sujet : le devoir professionnel. « Vous avez choisi une carrière que vous avez crue celle où la Providence vous appelait, disait-il ; à vous de vous y donner tout entier, et de vous y illustrer s'il est possible. »

Et, un autre jour, il ajoutait :

« Vos affaires d'abord. Vous savez ma doctrine sacramentelle : celui qui néglige un devoir professionnel pour s'occuper même d'une sainte chose n'est pas un homme. »

Ce thème est des plus pratiques, et le Directeur des Francs-Bourgeois l'a fréquemment développé dans ses lettres, où il s'efforce d'arrêter les élans plus généreux que sages qui parfois entraînent les meilleures âmes en dehors de la voie tracée par la Providence.

Un membre du Cercle, emporté par une ardeur juvénile et quelque peu séduit par l'appât des honneurs, voulait se présenter comme candidat aux élections du Conseil général ; le Frère Joseph lui écrivit :

« Les avantages de votre entrée au Conseil général me paraissent problématiques, tandis que les inconvénients en sont certains à mes yeux.

« Chef de famille et d'une maison de commerce considérable, vous ne pouvez ni ne devez vous créer des occupations et des préoccupations nouvelles.

« Vos affaires et vos enfants, ne voilà-t-il pas de quoi remplir suffisamment votre vie?

« Vous n'êtes pas homme à faire les choses à demi ; or, si vous laissiez la politique mettre la main sur vous, je redouterais les conséquences de son influence en ce qui touche vos devoirs primordiaux.

« Plus tard, quand vos enfants auront fini leur éducation et commencé leur carrière commerciale, vous aurez alors des loisirs, et vous ferez œuvre de bon citoyen de les consacrer au bien public.

« C'est bien terre à terre, ce que je vous dis là, mais votre lettre est empreinte d'un si exquis bon sens que je ne saurai désormais ce qui domine chez vous : ou le cœur ou le sens pratique. »

Par ce langage n'allons pas croire que ce zélé Directeur voulût emprisonner les âmes dans un froid égoïsme et refouler leur générosité, avide de travailler à la cause publique. Non, nul plus que lui, au contraire, ne savait faire appel au dévouement et à l'esprit de sacrifice. Ecoutez ce qu'il écrit à l'un des nouveaux dignitaires de son Cercle :

« Ce que je ne veux pas taire, c'est mon bonheur de vous voir ainsi à la tête du Cercle.

« A votre tour, enfant chéri, de rendre aux autres ce que vous avez reçu vous-même. A vous maintenant, de vous regarder comme investi et chargé d'une grande mission. Vous la comprendrez, n'est-ce pas, comme vous avez compris la mienne vis-à-vis de vous? Votre dévouement au Cercle, vous l'envisagerez avec le même respect que vous avez envisagé mon exceptionnelle amitié.

« Mon rôle est fini avec vous. Le jeune homme chaste et chrétien est sorti des langes de mon affectueuse et religieuse sollicitude; mais, outre sa force et sa virilité, il a pour soutien et pour guide la puissante et féconde idée du dévouement.

« Et c'est ce nouveau mobile qui va travailler à enfanter chez vous l'homme digne de ce nom, c'est-à-dire l'époux chrétien, le père chrétien!...

« Cet horizon est digne de votre esprit sérieux, comme ma tendresse l'a été de votre cœur noble et élevé.

« Courage, donc ! mon fils ! mon Benjamin, le dernier-né de ma religieuse paternité !

« Courage et confiance en Dieu ! Recevez ce témoignage du bonheur passé et des espérances de votre père... et ami. »

Cet esprit judicieux et profond redoutait jusqu'au bonheur pour certains jeunes gens qu'il aimait ; aussi à ses félicitations se joignaient des paroles sages capables de les préserver contre la présomption et l'entraînement.

Un jeune homme était sur le point de contracter un brillant mariage ; la fortune le comblait avec tous ses dons : voilà comment le Frère Joseph s'associa au bonheur de son enfant. C'est par ce dernier extrait que nous terminerons ce long chapitre :

« Mon cher ami, les bonnes nouvelles que vous me donnez me réjouissent l'âme et me reposent l'esprit... Encore une fois, il m'est donné de voir se réaliser, pour l'un de mes amis les plus chers, les promesses faites par Dieu au fils qui honore son père et sa mère... Que l'adorable Providence soit mille et mille fois louée et bénie !...

« Il ne me reste qu'un conseil à vous donner : faites en sorte, ô mon ami, que la prospérité vous trouve aussi fort que l'épreuve et la souffrance.

« Soyez *calme* et *froid* devant le succès, comme vous fûtes courageux et ferme devant les échecs, et donnez-vous la réputation et les dehors d'un homme qui se possède.

« Quant à votre conduite dans le mariage, je ne suis pas inquiet, car votre christianisme a été surtout la règle de votre vie intime : il sanctifiera tous vos actes, et vous pourrez dire comme le jeune Tobie : « Nous sommes les enfants des saints, et notre mariage ne ressemble pas à celui des païens. »

« Désormais, ma mission est finie près de vous ; et, après

vous avoir conduit jusqu'au seuil du sanctuaire de la famille, je me bornerai au rôle de spectateur de votre bonheur et de votre vie chrétienne : c'est le seul qui me convienne et que je me permette; mais à ce moment solennel où nos rapports vont changer, permettez-moi de vous remercier du bonheur que vous m'avez donné par votre pieuse docilité et par votre courage chrétien pendant les quinze années de nos rapports. Si j'ai fait quelque chose pour vous, je suis amplement payé par votre filiale affection pour moi.

« Que Dieu vous donne le bonheur que je vous souhaite !!! »

CHAPITRE IX

Le Visiteur du district de Paris

Nouvelles Fonctions. — La Guerre franco-allemande. — La Commune

I

Jusqu'à présent nous n'avons considéré dans le Frère Joseph que l'éducateur, le maître, l'ami et le père de la jeunesse : nous l'avons vu fonder et diriger sa célèbre Ecole des Francs-Bourgeois, puis donner à son Cercle le superbe développement qui en a fait une de nos premières œuvres de persévérance. Initiés à tous ses moyens d'action, nous avons salué ce maître comme l'une des gloires de l'éducation religieuse en ce siècle. Il nous reste maintenant à le suivre sur un nouveau terrain.

Si tous ceux qui s'intéressent à la jeunesse jetaient un regard d'admiration sur la maison du Frère Joseph, ses frères et ses collaborateurs pouvaient mieux que personne apprécier l'œuvre qu'il avait su créer et organiser.

Ses supérieurs voyaient en lui l'un des membres les plus éminents de l'Institut et fondaient sur son habileté et son dévouement les plus légitimes espérances pour le gouvernement de la Communauté. Le Frère Philippe surtout, qui avait suivi de plus près toute la carrière de son cher compatriote, guettait toutes les occasions pour préparer son entrée dans l'administration.

Ces deux hommes éminents étaient faits pour se comprendre : jadis, dès le premier coup d'œil, le maître s'était senti attiré instinctivement vers le disciple ; avec les années les liens d'affection s'étaient étroitement resserrés. Maintenant le vieillard, un pied dans la tombe, songeait à couronner sa magnifique carrière et, pensant à l'avenir de son œuvre, son regard perspicace cherchait autour de lui des continuateurs dignes de la tâche commencée. Nul doute que le Frère Philippe, chargé d'ans et de vertus, ne pressentît dans le Directeur des Francs-Bourgeois, jeune encore mais ayant révélé tout son mérite, un futur successeur de sa lourde charge de Supérieur général.

Il s'agissait donc de préparer l'avenir, et pour cela en mai 1867 — alors que l'œuvre du Frère Joseph était en pleine prospérité et donnait les plus sérieux gages de sécurité, — il le nomma Visiteur du district de Paris *extra muros*, c'est-à-dire des maisons de l'Institut comprises dans les départements de l'Aube, de la Haute-Marne et de la Seine-et-Marne.

Cette mission de confiance ne devait pas soustraire le Directeur des Francs-Bourgeois à ses fonctions antérieures : c'était seulement un honneur et une charge de plus qu'on imposait à son dévouement.

En face de ce nouveau labeur et de cette nouvelle responsabilité, le Frère Joseph, déférant au désir de son Supérieur, se laissa faire et accepta. Au reste, il arrivait au sommet de son existence : ses quarante-quatre ans lui assuraient la plénitude de ses forces physiques et de ses facultés morales : c'était l'heure du travail, il accepta sans hésitation et régla ses occupations de manière à mener de front « sa communauté, ses classes, son œuvre de jeunesse et le service nouveau qui devait l'en éloigner par intervalles. »

Ayant en son pouvoir une expérience parfaite des hommes et des choses, au courant du monde des écoles dont il connaissait tous les secrets, le nouveau Visiteur n'avait plus qu'à déployer dans l'exercice de sa charge les éminentes qualités de sagesse et de tact dont la nature l'avait doué.

Aussi le Frère Joseph n'eut-il aucune peine à se conquérir les sympathies générales au milieu de ses délicates fonctions. Ecoutons plutôt le témoignage de ses frères. On ne peut s'imaginer, dit l'un d'entre eux, « l'accueil qui était fait dans les communautés au Frère Joseph lorsqu'il y arrivait comme un messager de douceur, de bénignité, de mansuétude, et en même temps comme le pacificateur attendu, le soutien autorisé de l'ordre et de la régularité, l'ami de ses frères autant que leur supérieur, donnant à l'autorité un appui, aux faibles un réconfort, aux zélés une félicitation, aux fervents de nouveaux motifs d'augmenter en mérites, aux tièdes un stimulant, aux affligés une consolation, aux malades des paroles de foi qui servaient de remède à leurs souffrances. »

Et le témoin conclut ainsi son rapport :

« Ses visites apportaient à nos maisons, à nos classes un renouveau de joie sainte, un parfum d'amabilité qui restaient encore après son départ et faisaient désirer son retour. »

Puis, à ce que sa présence et sa parole ne pouvaient faire, il suppléait par des lettres multipliées qu'il adressait à tous les religieux de son district ayant besoin d'un conseil ou d'une consolation.

II

C'est au milieu de ces occupations nouvelles que la terrible guerre franco-allemande éclata, jetant dans les cœurs de sinistres appréhensions qui allaient se changer bientôt en affreuses réalités.

C'était l'heure de l'épreuve et de la souffrance et par conséquent l'heure du patriotisme et du dévouement. Cédant au généreux instinct de son grand cœur, le Frère Philippe s'empressa d'offrir au gouvernement toutes les maisons et le personnel de l'Institut pour le service des ambulances.

On sait comment l'offre fut acceptée et comment les Frères remplirent leur rôle d'infirmiers et de brancardiers sur le champ de bataille. Nous ne pouvons laisser passer une si belle occasion de rendre hommage à un zèle que toute la France s'est plue à reconnaître et à admirer.

« Les chers Frères fournirent cinq à six cents des leurs pendant toute la durée du siège et cela sans fermer leurs écoles ou interrompre leurs classes. Ils suffirent à tout : à l'enseignement scolaire, aux ambulances intérieures et aux combats. Ils se dédoublaient; chaque Frère marchait à son tour. Un jour il faisait la classe, l'autre jour il allait au feu. Ils étaient en concurrence entre eux pour partir. Le jour où le Frère Néthelme fut tué à la bataille du Bourget, ce n'était pas à lui de marcher.

« C'est ainsi qu'ils eurent constamment leurs places, et sur les remparts, et dans les batailles qui se livrèrent devant nos murs : la bataille de Champigny, celle du Bourget, celle de Buzenval et l'attaque de Montretout.

« Ces jours-là, on les voyait de grand matin, par un froid rigoureux, traverser Paris au nombre de trois à quatre cents, salués par la population, le Frère Philippe en tête, malgré ses quatre-vingts ans, et les envoyant au combat où il ne pouvait les suivre. Quant aux Frères, ils affrontaient le feu comme s'ils n'avaient fait que cela toute leur vie, admirables par leur discipline et leur ardeur. C'est ce que tout le monde a proclamé. Ils étaient réunis par escouades de dix, un médecin avec eux, et ils marchaient comme un régiment. Arrivés au combat, les reins ceints d'une corde, et s'avançant deux par deux avec un brancard, ils se répandaient, toujours courant du côté du feu, relevant les blessés, les portant avec soin jusqu'au médecin et aux voitures d'ambulance. Pour chaque bataille, il y aurait une foule de traits à signaler. « Mes Frères, leur criait un jour un de nos généraux, l'humanité et la charité n'exigent pas qu'on aille si loin. » Un autre chef descend de cheval et embrasse l'un

Réunis par escouades de dix ils marchaient comme un régiment.

d'eux, sous le feu du canon, en lui disant : *Vous êtes admirables, vous et les vôtres.*

« C'est qu'en effet, dans le plus fort de la mêlée, ils couraient à nos blessés sous les balles et la mitraille, mêlés cordialement avec nos soldats, qui les regardaient comme des camarades. Ils marchaient de concert : l'un, comme on l'a remarqué, portait l'épée qui tue ; l'autre, la croix qui sauve. Puis, le lendemain des batailles, ils ensevelissaient les morts. Eux-mêmes eurent à pleurer deux des leurs qui furent tués ; plusieurs furent blessés, et dix-huit périrent par suite des maladies contractées près des blessés et des malades. Ces soldats pacifiques se retrouvaient ensuite, soit paisiblement au milieu de leurs enfants à l'école, soit doux et affectueux auprès des malades qu'ils soignaient (1). »

Tel est le glorieux rôle que joua l'Institut des Frères dans cette mémorable campagne ; la France essaya de payer sa dette de reconnaissance en attachant la croix d'honneur sur la poitrine du vaillant Frère Philippe et l'Académie française en décernant à ses collaborateurs le plus beau de ses prix de vertu, mais Dieu seul pourra récompenser tous les actes individuels de ces héros improvisés.

Tous ne marchèrent pas au feu ; il en est que leurs fonctions retenaient à leur poste : le Frère Joseph fut de ceux-ci. A lui était échue seulement la mission de préserver son bel immeuble des Francs-Bourgeois contre les redoutables effets du bombardement. « A la tête de son personnel on le vit transporter une grande quantité de sable aux divers étages menacés, suivant l'ordre donné par l'autorité. »

Pas une seule heure, il n'abandonna sa chère Communauté, pendant toute la durée du siège : gardant le foyer paternel pendant qu'un grand nombre des enfants de son Cercle faisaient le coup de feu et versaient leur sang sur les champs de bataille, le Frère Joseph, comme Moïse sur la

(1) Rapport de M. le duc de Noailles à l'Académie française.

montagne, priait les bras étendus et essayait de fléchir la colère divine.

Puis, refoulant en lui-même toutes les amertumes de son âme, il assumait la tâche d'encourager les combattants.

« Plus heureux que moi, écrit-il à l'un de ses plus chers jeunes gens de l'armée de l'Est, mes enfants en grand nombre sont exposés au premier rang et leur vie est en danger! Daigne la main de Dieu les protéger... et si leur mort est utile au salut du pays, que Dieu prenne leur vie vertueuse et digne : leur âme est une victime qui fléchira la colère céleste.

« Quant à moi, je prie, je pleure, je souffre et j'offre à Dieu mon existence inutile, afin que mes enfants soient braves et bons. Vous, fils exceptionnel de mon amitié paternelle et religieuse, je ne puis vous dire avec quelle intensité je vous affectionne et je vous aime. Votre cher souvenir ne me quitte pas. Soyez donc tranquille; combattez vaillamment : je suis sans cesse en prière pour vous. »

« Au revoir! Non pas adieu... Au revoir! Si Dieu prend l'un ou l'autre de nous deux, le ciel nous réunira bientôt. Je vous embrasse. »

Cependant de tous côtés, les victimes tombaient nombreuses et rougissaient de leur sang le sol de la patrie envahie : le jour vint où le Cercle des Francs-Bourgeois offrit à son tour son premier holocauste. Ce fut à la bataille de Bagneux que tomba, mortellement frappé, le premier enfant du Frère Joseph ; celui-ci au milieu de sa douleur éprouva une légitime fierté, il lui sembla que c'était le sang de ses veines qui venait de couler :

« N'est-ce pas, cher ami, écrit-il à un jeune combattant, n'est-ce pas que vous regardez avec envie celui des nôtres qui a eu le glorieux privilège de monter le premier sur le calvaire de notre rédemption et d'y verser son sang pour le salut de la France?...

« Cet honneur insigne appartenait à Sarazin. Outre que sa vie honnête, ses instincts chevaleresques, ses aspirations héroïques en faisaient une victime digne du sacrifice, déjà, il y a trois ans, notre religieux et vaillant ami avait cherché cet honneur dans les rangs de la milice pontificale et sur le champ de bataille de Mentana.

« Ses restes avaient pour moi la triple consécration de la chasteté gardée, de la foi défendue au péril de la vie, de la patrie servie jusqu'à la mort. Que d'autres fassent des dithyrambes et des élégies sur le sort du héros tombant obscurément pour son pays; moi, je baise avec respect le corps vierge du jeune chrétien frappé par la mort, je vénère ces restes d'un martyr et d'un soldat, et je vois, à travers les voiles épais du cadavre flétri et souillé, la gloire immortelle et resplendissante de l'élu et du *bon serviteur!* Ma seule douleur est de ne pouvoir le suivre, mon unique regret, de n'être pas digne de partager son sort.

« *Mon cher ami, consolons-nous*: Dieu voit tout! Il a entendu le dernier soupir de Sarazin, tombant sous la balle meurtrière; il a vu ce suprême *regard, dont ses yeux éteints* indiquaient encore la céleste direction. Son ange, l'ange des combats, a recueilli cette larme unique tombée des yeux du soldat mourant; surtout le cœur paternel et divin a reçu cette religieuse et sublime aspiration de l'âme s'exhalant du corps et allant à lui!

« Dieu verra aussi nos souffrances solitaires, vous dans le fort qui vous sert de prison, moi dans l'humble chapelle témoin de mes prières et de mes vœux. Il entendra nos soupirs; il recueillera nos larmes; il lira nos secrètes ambitions de souffrir, de mourir même; surtout il constatera notre soumission absolue à ses divins décrets et notre disposition à vouloir et à faire tout ce qu'il veut, comme il le veut, et quand il le veut. »

III

Les derniers mois de l'année 1870 et les premières semaines de 1871 s'écoulèrent au milieu de ces poignantes préoccupations ; pour ne pas interrompre complètement ses fonctions de visiteur, le Frère Joseph avait recours à la plume, et de sa maison des Francs-Bourgeois il envoyait en province des lettres pleines de précieux conseils.

Enfin aux horreurs du siège succédèrent les orgies et les massacres de la Commune. Malgré son désir de rester constamment le gardien inamovible de sa chère maison, il dut la quitter, non sans appréhensions, pour aller porter la consolation à ses Frères dispersés, reconstituer les cadres de quelques-unes de ses Communautés, *désorganisées* par l'invasion étrangère et les affolements de cette époque de troubles.

Mais chaque fois que ces éloignements s'imposaient, le Frère Joseph ne pouvait goûter de repos. L'un de ceux qui lui servirent de compagnons dans ces circonstances, raconte qu'un soir, après mille difficultés pour franchir les fortifications et trouver, à un prix exorbitant, un véhicule qui ne put même pas le conduire à destination, le Frère Visiteur dut prendre gîte dans une pauvre maison de Seine-et-Oise. Si l'hospitalité n'y était pas confortable, elle était du moins cordiale.

Pourtant, il ne peut se livrer au sommeil. Le bruit s'était déjà répandu que les insurgés incendiaient la grande ville ; alors, son esprit avait peine à empêcher l'inquiétude de l'envahir : il lui semblait toujours voir sa maison livrée aux flammes. Au milieu de la nuit, n'y tenant plus, il voulut monter à l'étage le plus élevé, cherchant du regard à l'horizon, du côté de Paris, et dans la direction du faubourg

Saint-Antoine, à découvrir les lueurs sinistres qui rougissaient le ciel sur d'autres points (1).

Et le biographe qui raconte cette anecdote ajoute : « Qui sait si ces providentielles et obligatoires absences ne le préservèrent pas lui-même d'être du nombre des otages, si lâchement massacrés par les fauteurs du désordre ? »

En effet, la Commune, oublieuse des services rendus par les Frères et dans les ambulances et sur le champ de bataille, ne voyait en eux que les représentants du parti de l'ordre et de la religion ; elle s'apprêta à les envelopper dans sa haine contre tous les principes constitutifs de la société.

Le 10 avril, des avis secrets apprennent au Frère Philippe qu'il est sur la liste de proscription à la suite de Mgr Darboy et des otages. Il dut céder alors aux instances de ses assistants et, proscrit, recommencer à quatre-vingts ans la visite de ses maisons de province.

A peine avait-il quitté Paris que les délégués du nouveau gouvernement, accompagnés de quarante gardes nationaux, cernent la maison. Le Frère Calixte, assistant, accompagne le commissaire qui lui fait l'injonction de le suivre. Alors, écrit le Frère Philippe, il se passa une scène impossible à décrire :

« Tous les Frères voulaient partir avec notre cher Frère assistant, les gardes nationaux eux-mêmes étaient émus jusqu'aux larmes, et la foule attroupée manifestait son indignation. »

A Montrouge, Belleville, Saint-Nicolas des Champs, on expulse des écoles les Frères, qui doivent fuir à leur tour pour éviter d'être enrôlés de force et conduits sur la barricade. Ceux de Saint-Sulpice s'étaient réfugiés aux étages supérieurs de leur maison, au moment où les révolutionnaires l'avaient envahie. Le Frère Econome qui connaissait ces hommes *les conduisit à la cave et leur offrit à boire*. Les soldats oublièrent la consigne en face des bouteilles, et

(1) *Notice nécrologique*, p. 57.

bientôt les religieux pouvaient passer par-dessus les dormeurs ivres morts et s'échapper. Mais vingt-six fugitifs ont été saisis aux gares, aux portes, au-delà des remparts, et conduits à Mazas ou à la Conciergerie.

Le pensionnat de Passy allait être occupé par la Commune aux abois, quand l'armée victorieuse accourut et, de là, s'avança jusqu'aux prisons, espérant sauver les otages. Il était trop tard. Mgr Darboy était mort, et les gardiens des maisons de force, restés secrètement fidèles à l'ordre, avaient déjà ouvert les cachots et favorisé l'évasion des prisonniers.

Cet empressement fut fatal. Le Frère Néomède-Justin, ressaisi par les fédérés et entraîné sur la barricade de la place de la Concorde, y fut frappé mortellement par un obus. Trois autres, pris au milieu des insurgés qu'ils suivaient malgré eux, passèrent devant un conseil de guerre. Dix fédérés furent successivement condamnés et exécutés sous leurs yeux. Le même sort leur était réservé ; cependant, le capitaine, qui présidait à cette justice sommaire, envoya contrôler leur déposition à la rue Oudinot : cette démarche les sauva.

Les pauvres religieux qui avaient été poussés à coups de crosse sur la barricade, et gardés pendant deux longues heures avec le peloton d'exécution, purent se jeter dans les bras de leurs frères qu'ils n'espéraient plus revoir.

A la nouvelle de l'arrestation de son Assistant, le Frère Philippe était accouru sous les murs de Paris : il ne pouvait supporter que le Frère Calixte souffrît la prison et courût à la mort pour lui. Heureusement un de ses religieux le rejoignit à Saint-Denis, et lui apprit la délivrance du captif.

Enfin à l'ère de terreur succédèrent des jours plus calmes. « L'ennemi extérieur, satisfait de sa victoire, s'éloigna du sol trop longtemps souillé de sa présence. Les factieux de l'intérieur se virent enfin maîtrisés et réduits par l'armée de l'ordre, et Paris, respirant après tant de convulsions, reprit peu à peu sa physionomie, assombri par le spectacle lamentable des ruines fumantes occasionnées par l'aveugle fureur de ses propres enfants (1). »

Par malheur aux ruines matérielles se joignaient les ruines morales ; le Frère Joseph, après bien des journées d'angoisses, avait la consolation de penser que sa chère maison restait debout, mais les hôtes en étaient dispersés aux quatre vents du ciel.

Quelques-uns avaient disparu dans la tourmente, fauchés par un trépas glorieux ou obscur, d'autres s'étaient éloignés, fuyant la tempête, d'autres encore étaient arrêtés par l'épuisement complet de ressources déjà modiques ; et le Frère Joseph lui-même ne savait plus à quelle porte frapper pour alimenter son œuvre en détresse.

Eh quoi ! cette maison si chère, créée pierre par pierre par ses efforts de volonté et de patience, allait-elle disparaître ? allait-elle sombrer dans le gouffre commun ?...

Le pauvre Directeur avait tout à craindre, et son cœur laissait exhaler devant le tabernacle des cris d'une angoisse indicible ; mais au dehors il restait maître de son calme et portait sur son visage l'inaltérable sourire de la résignation.

« Si, écrit-il, je suis condamné à voir, comme tout l'indique, la mort de ma chère maison, j'aurai pour consolation le souvenir des joies que j'y ai goûtées, des amis que je m'y suis faits. Cette perspective m'est devenue tellement familière que je l'envisage sans trouble, mais non sans regrets, car la pauvre jeunesse a tant besoin, à Paris, d'un asile et d'un secours ! les dangers sont si nombreux, les chutes morales si désastreuses ! »

Dieu entendit les désirs de son serviteur et peu à peu le calme revint aux Francs-Bourgeois : la maison se repeupla.

(1) *Notice*, p. 58.

L'Ecole reprit son animation des jours passés et le Cercle réunit encore des amis attristés mais fidèles.

Le Frère Joseph eut donc à reprendre son travail incessant, avec les sollicitudes de sa Communauté, les classes, le cercle et les voyages nécessités par ses fonctions de Visiteur. En 1873 vint s'y ajouter une nouvelle préoccupation. Mgr de Ségur fondait le Bureau central des Œuvres ouvrières et il s'adjoignit comme collaborateur le Directeur du Cercle des Francs-Bourgeois.

A ce titre, dit l'auteur de la *Notice*, le Frère Joseph eut à prendre part aux travaux de différents Congrès. En séance, Mgr de Ségur lui demandait souvent son avis; le Frère Joseph ne parlait jamais sans être interrogé : mais il disait des choses si simples, si fortes, si pleines d'expérience, qu'on l'écoutait sans lassitude et que l'on eût voulu converser longtemps avec lui.

Le moment approchait où le choix de ses supérieurs et de ses égaux allait l'appeler à un poste plus digne de sa haute sagesse et de son esprit de gouvernement.

A la réunion du Chapitre général de 1873, tous les yeux se portèrent sur lui pour en faire un futur Assistant; le bruit en devint public et parvint à ses oreilles, sans pouvoir cependant troubler son admirable sérénité :

« Tout le monde me dit et me redit, écrit-il à cette occasion, que le Chapitre va apporter du changement dans mon existence. Moi, j'attends avec docilité et soumission d'esprit ce qu'il plaira à Dieu de vouloir et de permettre. Certes si je consultais mes goûts et mes aptitudes, rien ne m'est plus antipathique que les fonctions d'Assistant; ni mes occupations ne m'y ont préparé, ni mon tempérament ne s'y prête; aussi j'espère que Dieu m'évitera cette lourde tâche. Cependant je me sens disposé à tout accepter ; il n'est pas nécessaire que je me porte bien, mais il est indispensable que je me détache de tout, même de cette chère maison qui est ma vie depuis trente ans. Puissè-je, par quelques souffrances d'esprit et de cœur ou de corps, expier les faiblesses et les imperfections de mon long ministère ici ! »

Pour cette fois, la Providence épargna au Frère Joseph la charge qu'il redoutait pour ses épaules. En revanche, quelques jours plus tard, le gouvernement, qui suivait de près les progrès de l'Ecole Commerciale, appela son Directeur à venir siéger au Conseil supérieur de l'Instruction publique, comme représentant de l'enseignement libre.

Docile à l'invitation du Frère Philippe, le Frère Joseph, étourdi d'une nomination si inattendue, accepta et annonça ainsi cet honneur inespéré :

« Une distinction inusitée est venue me surprendre ; elle m'eût trouvé presque insensible si je n'avais pas la certitude que le Très Honoré Frère et mes collègues en sont très heureux. De fait, l'entrée d'un Frère au Conseil supérieur de l'Instruction publique est un véritable événement dans les jours difficiles que nous traversons, et l'ennui personnel que je puis y rencontrer est bien compensé par le plaisir d'être utile. Et puis, je suis désormais lié à notre Ecole, car ce n'est qu'à titre de directeur que j'ai été élu. »

L'humble Frère se trompait : cette distinction, quelque flatteuse qu'elle fût, était toute personnelle et n'allait pas l'empêcher d'être appelé bientôt à une situation encore plus en relief.

En attendant, au Conseil supérieur, comme à l'Ecole et au Cercle des Francs-Bourgeois, le Frère Joseph apporta sa simplicité faite de dignité et de bonté ; et dans ce nouveau milieu, il exerça encore son prestige.

Un personnage, que ses fonctions avaient mis fréquemment en rapport avec M. Jules Simon, raconte qu'il avait posé au ministre d'alors la question suivante :

« — Eh bien ! le Frère Joseph ! que pense-t-on de lui au Conseil supérieur de l'Instruction publique ? »

Il en reçut cette réponse :

« — Le Frère Joseph, mais tout le monde en est enchanté ; c'est la *coqueluche* du Conseil supérieur. »

CHAPITRE X

L'Assistant du Supérieur général

L'Epreuve. — Le Travail d'administration. — La Direction.

I

Le 7 janvier 1874 est une grande date dans l'histoire des Frères des Ecoles chrétiennes ; ce jour-là celui qui, pendant trente-cinq ans, en avait été le Supérieur, termina sa noble existence. A l'âge de quatre-vingt-deux ans, le très honoré Frère Philippe paraissait devant Dieu pour recevoir la récompense de ses mérites et laissait en larmes sa nombreuse famille.

On s'imaginera facilement le vide que devait causer au milieu de ses frères la disparition de celui qui tenait dans leur cœur une si grande place.

Imposant silence à sa douleur, le Frère Joseph ne veut songer qu'à la gloire de son maître ; et un sentiment de reconnaissance s'échappe de ses lèvres pour remercier Dieu de lui avoir donné un tel père.

« Pleurons, dit-il, versons des larmes abondantes, mais que ce soit surtout dans un sentiment de reconnaissance pour l'honneur d'être les amis, les enfants de ces êtres privilégiés qui font bénir Dieu, honorer la religion, reconnaître la réalité de la vertu en ce monde. Dans notre siècle d'égoïsme, de sensualisme, d'orgueil, de cupidité, une protestation comme la vie et la mort du Frère Philippe est un miracle de miséricorde...

« J'ignore de quelle manière est heureux le Supérieur

bien-aimé que Dieu a rappelé à lui, mais je suis certain de la possibilité et de la réalité de son bonheur. »

Trois mois après la mort du Frère Philippe, le Chapitre général se convoquait pour lui donner un successeur et choisir un nouvel Assistant. C'étaient donc de nouvelles appréhensions pour le Frère Joseph dont la personnalité s'imposait à tous les yeux pour cette dernière charge.

L'humble religieux le sentait et se prenait à dire :

« Je ne vous cacherai pas que ce Chapitre ne me sourit nullement, car le Frère Philippe ne sera pas là pour me couvrir de son égide et m'empêcher d'être Assistant. Cependant ma résolution est bien prise de ne pas dire une syllabe pour détourner de moi une nomination si contraire à mes goûts, à mon tempérament, à mes aptitudes. Ce serait mal de refuser la souffrance et le travail. Qu'importent ma santé et ma tranquillité !... »

Les pressentiments du Frère Joseph ne le trompaient pas : le Chapitre général choisit comme successeur du Frère Philippe, le Frère Jean-Olympe, cinquième Assistant, et élut le Frère Joseph dixième Assistant, en remplacement du nouveau Supérieur. C'est ainsi que le disciple suivait de bien près la trace du maître et que s'accomplissaient les prévisions du très regretté Frère Philippe.

L'élu se courba sous la manifestation de la volonté divine et se prépara avec grand courage à aborder ses nouvelles fonctions. Le ciel lui en adoucit les débuts ; au bout de quelques semaines le Frère Joseph pouvait dire :

« Me voici à ma nouvelle charge. Jusqu'ici elle ne m'a pas coûté, et s'il en est toujours ainsi, je n'aurai pas grand mérite. »

Hélas! le calme et la paix devaient être de courte durée !

Ce fut d'abord la mort qui se chargea d'assombrir l'existence du nouvel Assistant et de déchirer son cœur qui avait déjà tant souffert en se séparant de sa maison des Francs-Bourgeois.

Disant adieu à sa chère école, à sa chère jeunesse, qu'il avait vu se renouveler sur les mêmes bancs depuis trente années, le Frère Joseph avait refoulé ses larmes et était venu à la Maison-Mère, à la rue Oudinot, prendre place parmi les membres de ce qu'on appelle le Régime.

Le Régime, c'est-à-dire le gouvernement de la Congrégation, se compose du Supérieur général et des Assistants, au nombre de douze. « Rien ne distingue les membres du Régime des autres Frères : même chapeau, même rabat blanc, même robe noire et manteau noir, mêmes bas de la même étoffe que la robe, mêmes gros souliers de cuir avec des courroies de cuir. La salle du Régime est une merveille d'installation ; le Supérieur général y est à son poste et les Assistants sont là aussi.

« Chacun a, non pas son cabinet, mais sa place distincte, une petite place et sur la même ligne; chacun a sa chaise de paille, son bureau et ses cartons; le Supérieur général n'a qu'une pauvre chaise, comme ses autres coopérateurs. Des étiquettes sur de petits casiers au bureau de chaque Assistant indiquent les pays placés sous la direction particulière de tel ou tel ; on y rencontre de bureau en bureau toutes les contrées où se trouvent des écoles chrétiennes, depuis les villes de France et d'Europe jusqu'aux lieux les plus lointains du monde habité.

« De petites cartes dans de petits tiroirs représentent l'immensité de l'œuvre. Tout est réglé, marqué, classé en occupant le moins d'espace possible, comme si, en toute chose, ces serviteurs de Dieu ne voulaient tenir à la terre que dans les plus minces proportions. Les membres du Régime, à portée les uns des autres, peuvent se voir et s'entendre : ils sont comme sur le pont d'un vaisseau, toujours prêts à la manœuvre. Ils ont au milieu d'eux leur capitaine (1). »

(1) M. Poujoulat.

Le Frère Joseph était à peine initié à ce nouveau genre de vie que la mort frappa un double coup à ses côtés.

Ce fut d'abord le doyen du Régime, le premier Assistant, le Frère Calixte, l'ami et le collaborateur du Frère Philippe, qui crut comme un devoir de son amitié de suivre de près son chef.

Tradition vivante, personnification du dévouement et de l'abnégation, type d'urbanité et de délicatesse, le Frère Calixte tenait dans l'Institut la première place après le Frère Philippe.

Le vieillard, chargé d'ans et de mérites, s'éteignit entre les bras de son jeune collègue, le Frère Joseph, qui lui tenait la tête entre les mains et lui suggérait les dernières invocations. Celui-ci fut si frappé de cette mort douce et tranquille qu'il écrivait quelques jours après :

« Vous savez si la vie d'Assistant m'a jamais fait envie : eh bien ! en voyant mourir le Frère Calixte, je trouvais cette vie digne d'être désirée, et je disais au bon Dieu que j'accepterais avec reconnaissance vingt ans, trente ans même de cette existence pour une mort semblable. »

Quelques mois plus tard un nouveau deuil, plus grave encore, frappait l'Institut ; c'était le successeur du Frère Philippe, le Frère Jean-Olympe, Supérieur général qui, après un court passage dans ses fonctions, se voyait coucher dans la tombe par un mal mortel.

A cette nouvelle le cœur du Frère Joseph sent sa propre vie lui échapper et il s'écrie :

« Comprenez-vous cela ? Un an, presque jour pour jour, après son élection, notre nouveau Supérieur nous serait enlevé, sans que rien nous ait préparés à ce coup de foudre ! Nous sommes littéralement anéantis ! Oh ! la douleur ! comme elle est bien la reine du monde ! comme son sceptre pèse lourdement sur tous les cœurs ! comme les manifestations de sa puissance sont aussi diverses que sont nombreux les points par lesquels elle nous atteint ! Mon pauvre cœur est dans ce moment semblable à un vrai crible... »

Comme pour mettre le comble à tant d'épreuves, une douleur plus intime encore vint s'y adjoindre : le Frère Joseph perdit à la même époque une sœur, vaillante chrétienne qui aux heures de sa jeunesse — on s'en souvient — avait sacrifié son existence pour laisser son frère poursuivre sa voie.

Oh ! cette chère sœur ! comme le zélé Assistant l'aimait ! comme il lui était reconnaissant et comme il rendait hommage à ses vertus, la plaçant bien au-dessus de lui dans la voie de la perfection !

« Quand je compare, disait-il, ma vie calme et heureuse avec les années tourmentées qui composent celle de ma sœur, je suis confus d'être si pauvre ! »

II

Ce fut par le creuset de cette triple épreuve que le Frère Joseph se forma à la vie agitée qui allait désormais remplir son existence.

Le travail d'administration pesait maintenant sur lui avec ses exigences quotidiennes et ses perpétuelles préoccupations :

« Ma vie est si occupée, si préoccupée, s'écrie-t-il, que je finirais par m'oublier moi-même en soignant les autres. »

Et un autre jour :

« Ma vie se passe à faire une partie de mon travail, à souffrir pour celle, — et c'est la plus grande, — que je ne puis pas faire. »

La première œuvre à laquelle il consacra ses soins fut la fondation du noviciat de Notre-Dame du Rancher, au diocèse du Mans.

Des circonstances providentielles lui avaient fait entrevoir la possibilité de cette œuvre et il s'était dévoué à son accomplissement avec la ténacité déployée naguère pour la fondation de son Cercle. C'est à ce propos qu'il écrivait :

« J'ai une idée, mes réflexions de retraite m'en ont montré l'importance ; je consacrerai tout ce qui me reste de vie et de force à la réaliser. Les contradictions et les épreuves m'y affermiront, car elles seront la preuve de l'approbation de Dieu. »

La Providence en effet bénit ses efforts et, au mois de mai 1875, on procédait à l'ouverture du nouveau noviciat dans une magnifique propriété de seize hectares, don de la munificence de M. Depeudry.

« Lundi dernier, écrit le Frère Joseph, j'installais vingt jeunes novices, qui traversaient processionnellement les allées et la longue avenue de 600 mètres, en chantant le psaume *In exitu Israel de Egypto*. J'ai consacré le bois à la Très Sainte Vierge, en plaçant au centre sa statue bénie, aperçue au loin de toutes les grandes allées... »

Mais le zélé religieux ajoute :

« Tout cela n'est rien auprès de ma joie intime en voyant s'ouvrir un noviciat, c'est-à-dire une pépinière d'âmes religieuses qui se consacrent à Jésus-Christ et à l'Eglise. Ah ! j'ai éprouvé la joie dont parle le Sauveur : l'enfantement de cette maison a été long, douloureux, cruel parfois, mais sa naissance me fait tout oublier. Je me trouve même heureux d'avoir payé par la souffrance un établissement aussi précieux... »

Ces dernières lignes nous montrent toutes les déceptions, les démarches inutiles, les obstacles imprévus que l'Assistant rencontrait dans sa nouvelle tâche. Parfois son cœur se reportait vers le passé, vers les heureuses années des Francs-Bourgeois, qu'il eût voulu revivre encore, mais sa vertu le ramenait bientôt à la résignation.

« Si nous n'avions pas la foi, écrit-il à un ancien collaborateur, nous jetterions un regard mélancolique sur notre passé des Francs-Bourgeois, et nous regretterions cette vie si active, si remplie, si agréable et si heureuse pourtant !... »

Mais aussitôt il ajoute cette pensée ingénieuse et profonde : « L'épi qui sent approcher la faux meurtrière, regretterait-il, s'il pensait, de voir venir le moment où il fournira un aliment à la vie des hommes ? peut-être des voiles au mystère eucharistique ?... Nous sommes le froment de Dieu ; il faut que nous soyons moulus par la souffrance morale ou physique, afin de devenir le pain éternel... »

C'est par ces hautes pensées de dévouement et d'abnégation que le Frère Joseph accueillait le labeur qui devenait de jour en jour plus absorbant. A la fin de 1877, il écrit :

« Cette année a été exceptionnellement laborieuse pour moi, et celle qui va commencer ne le sera guère moins, je crois. »

Il est obligé d'avouer que sa santé n'y tient plus :

« Une fièvre cérébrale me prendrait dans quelques mois, ce serait logique, car ma pauvre tête est constamment tendue; mais trop heureux suis-je de pouvoir donner un peu de ma vie pour la grande cause du bien... »

On était en 1877 : l'heure approchait où le vent de la persécution allait souffler avec toute sa violence : déjà le spectre de *la laïcisation montait à l'horizon* et les esprits les plus fermes tremblaient devant les menaces de l'avenir.

Moins que personne le Frère Joseph ne se dissimulait les maux qui allaient fondre sur son Institut, mais chez lui le courage grandissait au contact du danger et la confiance restait inébranlable :

« A la grâce de Dieu ! disait-il. Certaines gens croient que la persécution n'est pas loin; d'aucuns nous engagent même à prendre les précautions conseillées par la prudence. Je me sens une grande confiance dans le résultat final. »

Mais le fervent religieux, toujours affamé de dévouement, ajoute :

« Si dans la tempête prévue et annoncée il fallait quelque Jonas, si votre ami, malgré son indignité, avait l'honneur d'être parmi les victimes ?... Ne vous scandalisez pas de mon ambition... Cette pensée me hante, et je ne puis dominer un tressaillement d'envie qui me fait dire à Dieu : Mille fois ma vie et tout ce qui m'appartient, mais à la condition que mon sacrifice soit ignoré et inconnu, comme mon humble personnalité. »

III

On voit sur quel fondement solide était basée la vertu du Frère Joseph, et on devine par là ce que dût être son influence sur les jeunes religieux que ses fonctions l'appelaient à guider.

Sachant toujours trouver le chemin des cœurs, sa parole comme ses lettres venaient leur montrer le but qu'ils devaient atteindre et les moyens à employer pour y parvenir. Soit dans ses entretiens particuliers, soit dans ses correspondances multipliées, soit dans ses conférences en communauté et pendant les nombreuses retraites qu'il présida, il « sema la bonne parole, enthousiasma ses auditeurs, et devint souvent éloquent à force d'être simple et bon. »

C'est à ses directeurs de noviciat surtout qu'il multipliait les conseils pour la formation de la jeunesse qui leur était confiée :

« Je ne vous demande pas, leur disait-il, de nous former des savants, ou des artistes, ou des professeurs spéciaux; non, seulement des consciences pures et droites, des volontés viriles et exercées, des germes de religieux ! »

On ne peut se lasser d'admirer la simplicité et la rectitude de direction de ce maître dans l'art de manier les âmes : il écrivait à ses chers petits novices une lettre qui à elle seule révèle toute l'habileté de ses procédés.

« ...Votre grand travail au petit noviciat, mes chers enfants, est de combattre les défauts et les mauvaises tendances qu'on a reconnus en soi-même. D'où il suit que le meilleur d'entre vous, celui qui répond le mieux aux desseins du bon Dieu, n'est pas l'enfant qui a le moins de défauts, mais celui qui fait le plus d'efforts pour se connaître et se travailler.

« Si vous comprenez bien cela, mes chers enfants, vous aurez une grande estime pour les exercices qui vous aident à accomplir ce double travail. Lorsque vous serez avertis de vos défauts par le Frère Directeur, par vos professeurs ou par vos condisciples, loin de vous en fâcher, vous en serez reconnaissants comme d'un service. Vous estimerez *par-dessus tout* les entretiens intimes, où le Cher Frère Directeur vous donne les moyens les plus propres à vous amener à la connaissance de vous-mêmes et à la correction de vos défauts.

« Ne croyez pas que pour être religieux il faille être sans défauts; si le bon Dieu avait voulu cela, il aurait choisi des anges; non, mais il faut avoir la franchise de les avouer et le désir de les corriger. N'espérez pas non plus devenir si parfaits que vous n'éprouviez plus aucune atteinte de votre orgueil, de votre sensualité, de votre paresse; non, il vous restera toujours quelque chose, plus ou moins, de votre nature, de vos tendances, de vos habitudes..., mais tant que vous serez dans la disposition de vouloir vous connaître et que vous en prendrez les moyens, vous serez de bons novices, vous pourrez persévérer. »

C'est sur ce ton de paternelle fermeté que le Frère Joseph parlait à ses futurs religieux. Aux lettres collectives se joignaient souvent des lettres individuelles dont l'influence était plus pénétrante encore et plus décisive.

On ne compte pas le nombre de jeunes âmes que le Frère Joseph a ainsi guidées dans la voie de la vertu. Dans l'Institut, elles furent nombreuses et aujourd'hui beaucoup des Frères des Ecoles chrétiennes bénissent sa mémoire et remercient le ciel de leur avoir envoyé un tel père, mais au dehors, il en est d'autres qu'il a poussées encore plus avant en leur montrant de loin les sommets lumineux de la montagne du sacerdoce.

Pour la plupart, c'étaient d'anciens élèves du Cercle des Francs-Bourgeois qui, par ses sages conseils, devinrent de pieux séminaristes et plus tard des prêtres zélés. Il est curieux de suivre son action dans ces âmes généreuses. Voilà d'abord comment il leur apprend à estimer leur vocation et à se donner à Dieu :

« Quel meilleur usage pourriez-vous faire de votre âme si noble, de votre esprit élevé, de votre cœur généreux, que de les offrir à Dieu qui les créa et qui les enrichit ?

« Courage, mon fils ! Confiance en Dieu et en vous !

« Vous êtes si affectueux et si véritablement l'enfant du sanctuaire, qui me donna tant d'espérances pendant son enfance et qui me fit rêver si souvent au petit Samuel du tabernacle... lequel devint le prophète d'Israël et l'homme de Dieu !

« Ah ! loin de moi, cher et bien-aimé en Jésus-Christ, la pensée de vous prédire un avenir brillant dans la sainte Eglise ! Dieu m'en garde comme d'un sacrilège et d'une profanation !

« Mais il m'a toujours semblé que votre chère âme était aux écoutes pour saisir au passage l'appel divin et lui dire comme Samuel : « Parlez, Seigneur, votre serviteur vous obéira !... »

« Continuez, Charles ! à ouvrir votre cœur aux impressions généreuses de la grâce ! ne refusez jamais de monter aussi haut que le voudra de vous le divin Maître qui vous a regardé et qui vous a aimé !...

« Continuez à faire fructifier les dons que vous avez reçus de la bonté divine, et mettez-vous à même de rendre en proportion de ce qui vous a été donné.

« Et puis, les temps difficiles que nous traversons demandent des prêtres apôtres, c'est-à-dire des hommes d'âmes et non pas des chercheurs de bien-être et de positions.

« C'est dans les débuts de la vie cléricale qu'il faut se

donner cet objectif surnaturel, afin de bien comprendre les devoirs d'un séminariste.

« Travaillez à vous intruire, c'est indispensable, mais efforcez-vous surtout d'acquérir les vertus de votre futur ministère, qui sont la piété, la générosité, la pureté des mœurs et le désintéressement.

« Avec cela vous serez un prêtre selon le cœur de Dieu, l'honneur de la sainte Eglise, et la gloire la plus pure de notre chère maison... »

Tous ces conseils, on les croirait tombés de la plume d'un de nos plus habiles Directeurs de séminaires : mais, dans sa direction, le Frère Joseph sait joindre à la rectitude du jugement la tendresse paternelle du cœur.

« L'estime affectueuse que vous m'avez inspirée, dit-il à cet aspirant au sacerdoce, ressemble beaucoup à celle que je portais au cher abbé Renaudière, quand il était d'abord élève, puis séminariste. Aussi, quand il voulut bien accepter d'être notre aumônier, je ne me sentis pas la moindre répugnance à être son pénitent : il en sera de même pour vous si, un jour, le bon Dieu exauce vos vœux secrets.

« En attendant, mon cher et bien-aimé, préparez votre âme, encore plus que votre esprit, aux grands et sublimes devoirs du sacerdoce. Je ne me préoccupe guère de vos progrès littéraires, votre travail m'est connu ; mais je rêve pour vous l'auréole de la perfection cléricale. Oui ! Charles ! mon ambition serait que vous soyez fervent comme Louis de Gonzague, angélique comme Stanislas Kotska, humble et régulier comme Berkmans !

« Puisse Notre Seigneur Jésus-Christ exaucer mes prières de père et d'ami ! Vous sentiriez naître, croître et se développer en vous ces désirs de sainteté nullement incompatibles avec la vie du prêtre séculier : c'est mon vœu de tous les jours, mais particulièrement à cette époque de l'année. »

Quelques mois plus tard, le jeune séminariste passait avec succès l'examen du baccalauréat, et pour le prémunir contre l'enivrement des lauriers, le Frère Joseph lui écrivait :

« J'avais déjà appris votre succès, et j'en avais béni le bon Dieu, car je sais que vous n'êtes pas capable de vous en attribuer aucune gloire. D'abord la chose n'en vaut pas la peine, et puis, votre rectitude personnelle vous fait envisager chaque chose sous un point de vue réel.

« Or, qu'est-ce qu'un succès intellectuel, sinon un de ces talents dont l'Evangile nous dit qu'il faudra rendre compte?

« Ah! j'aime bien mieux vous féliciter, mon cher enfant, de l'honneur auquel Dieu vous appelle, et de la faveur signalée que sa miséricorde vous fait!... être appelé au sacerdoce dans ces jours d'épreuve pour la sainte Eglise!... mais c'est une grâce de premier ordre, auprès de laquelle tous les avenirs du monde, même les plus dorés et les plus galonnés, ne sont que vocations vulgaires et banales !...

« Aussi, que rien ne vous coûte pour vous rendre moins indigne de cette vocation, et pour vous y préparer.

« Soyez pieux et fervent, sans vous rendre singulier, conservez vos bonnes habitudes pour la prière et les sacrements. — Pour l'étude, efforcez-vous d'être à la hauteur de ceux qui, plus heureux que vous, ont étudié le latin depuis de longues années.

« Un conseil : gardez le genre de notre chère maison, qui est le respect pour les professeurs et supérieurs ; ne prenez pas le genre mauvais de certains séminaristes, qui jugent et apprécient personnes et choses du haut de leur inexpérience. »

Quand vint pour le jeune homme le moment d'entrer au séminaire d'Issy, le Frère Joseph se donna la mission de lui vanter les charmes de cette maison dirigée par des maîtres qu'il respectait et aimait :

« Issy a toujours été, pour ceux de mes enfants qui l'ont habité, le séjour de la paix et du bonheur, un doux berceau de vie sacerdotale, où les jeunes lévites reposent, croissent et se fortifient, avant d'entrer à la grande école de Saint-Sulpice.

« Je ne suis donc point étonné, que dans cette pure atmosphère, votre âme se dégage de toutes les préoccupations de la chair et du sang, et se laisse emporter par les rêves dans les sphères élevées de la vie du renoncement absolu, de dévouement complet aux âmes !

« A Issy, mon bon Charles, quand on a eu le bonheur d'une enfance pure, d'une chaste et pieuse adolescence, il doit être difficile de ne pas rêver la vie parfaite des religieux, le dévouement apostolique et le don complet de soi-même à Dieu et à l'Eglise. »

Puis vint le moment de revêtir l'habit ecclésiastique et l'élève du sanctuaire reçut encore à cette occasion les conseils de son ancien maître :

« Mon cher enfant, les temps difficiles que nous traversons viennent donner plus d'importance encore à cette démarche en vous permettant de faire un acte de dévouement en même temps qu'un acte de foi.

« Oui ! c'est un beau moment pour prendre la soutane, que celui où elle est livrée à l'insulte, signalée au mépris, et parfois la cause de mauvais traitements... »

Quelques années plus tard le sacerdoce couronnait cette éducation cléricale et le cœur du Frère Joseph battait bien fort en disant à son cher Charles :

« ...Mon cœur est tout ému de reconnaissance envers le bon Dieu, qui honore de son choix divin l'un de mes enfants de prédilection, pour le placer *cum principibus populi sui.*

« Ma foi est plus éloquente encore, car elle me dit que mon fils sera honoré d'un ministère qui n'a pas été donné aux anges eux-mêmes !...

« Et cependant, je suis plein d'une douce confiance, car je vous vois, avec un indicible bonheur, vous approcher du saint autel avec les dispositions de sainte frayeur, mais aussi de religieuse émotion, qui conviennent aux vrais serviteurs du bon Maître.

« Montez à l'autel avec bonheur, mon cher enfant. Votre don sera agréable à Dieu, car c'est celui d'un cœur qui s'est gardé du mal, et qui n'a voulu s'ouvrir qu'aux saintes et pures affections de la vertu. »

Nous nous sommes attardés à citer toute cette correspondance pour montrer combien sage, prudente, mais aussi affectueuse, fut la direction de ce maître en l'art de diriger les âmes. Nul éducateur en sa sphère n'a mieux su trouver le chemin qui mène au cœur et faire entendre à l'oreille du jeune homme, laïque ou religieux, une parole plus émue et mieux accueillie.

CHAPITRE XI

Le Supérieur général

Mort du Frère Irlide. — Visites. — Premières Œuvres.

I

Cependant la tempête, depuis longtemps prévue et annoncée, se déchaînait sur l'enseignement chrétien en France. La laïcisation des écoles publiques, c'est-à-dire l'exclusion des religieux de toute participation officielle à l'éducation de l'enfance, était votée par la Chambre des Députés, sous l'inspiration du ministre Ferry et du sectaire Paul Bert (1).

La loi de malheur, qui ne devait pas être la dernière dont l'Institut des Frères ait à subir l'iniquité, accomplissait son œuvre avec une stratégie vraiment satanique : lentement mais sûrement, selon le mot de l'un des complices du parti antireligieux.

Dans cette occurence, les labeurs du Frère Joseph s'augmentaient des inquiétudes que faisait naître une situation de plus en plus difficile.

« Vous avez raison, écrit-il à un Frère, ma place n'est pas une sinécure, et c'est pour moi un motif de remercier le bon Dieu, car nous ne sommes pas *à la journee* avec lui, mais à nos *pièces* ; nous serons payés en raison de notre travail. »

(1) *Notice nécrologique*, p. 112.

Celui du Frère Joseph prenait un développement inquiétant.

« Malgré un labeur écrasant, écrit-il, et des ennuis qui me tueraient si Dieu ne daignait me soutenir, je vais m'absenter trois jours. Je n'avais jamais senti comme depuis deux mois les angoisses de la supériorité. Comme je me laisserais aller au désir de la mort, si je ne devais laisser à un autre, après moi, le lot de chagrins poignants qui m'oppresse !... »

Et cependant le moment était venu où le Frère Joseph allait charger ses épaules d'un poids bien plus lourd encore.

Au mois de juillet 1884, le Frère Irlide — qui avait recueilli la succession du Frère Jean-Olympe et continué pendant dix ans l'œuvre du Frère Philippe — succombait sous les atteintes d'un mal qui le minait sourdement. Vainement le vaillant Supérieur avait essayé depuis plusieurs mois de se démettre de fonctions incompatibles avec sa santé ; « la lucidité de son esprit, l'énergie de sa volonté, la vigueur de sa direction » le maintenaient à son poste et aujourd'hui il tombait sur la brèche, laissant à son successeur un héritage qui avait épuisé ses forces.

A ce moment-là, la santé du Frère Joseph était elle-même ébranlée, et pour calmer de violentes douleurs névralgiques ainsi qu'une affection du larynx, les médecins l'avaient envoyé suivre un traitement aux eaux de Cauterets.

C'est de là qu'il écrivait à un ami intime :

« Pendant qu'à l'Institut et ailleurs on parle si haut de certaines éventualités que le bruit en vient jusqu'à moi, je ne me sens ému que d'un seul mouvement : la docilité à la volonté de Dieu. Ce que les hommes croient un avantage, parce qu'il y aurait honneur, serait pour moi, dans la réalité, une croix douloureuse, qui userait et assombrirait le reste de mon existence. Je ne me crois pourtant ni le droit ni le devoir de refuser d'être victime, comme le Frère Jean-Olympe, si Dieu le permet... »

Le Frère Joseph, nous dit son biographe, revint à son poste et reprit son travail avec un nouvel entrain, sans se préoccuper des bruits qui circulaient déjà autour de son nom pour la succession de la charge suprême de l'Institut, où il était si avantageusement connu et si affectueusement vénéré.

Ce fut donc une explosion de joie universelle qui accueillit, le 18 octobre 1884, la décision du Chapitre nommant, *au premier tour de scrutin*, le Très Honoré Frère Joseph, Supérieur général de l'Institut.

Un seul cœur se serra, se contractant pour réprimer une douleur et exhaler une plainte; ce fut celui du nouvel élu, mais la plainte ne monta pas jusqu'à ses lèvres. S'abîmant dans son indignité, le Frère Joseph subit la volonté de ses frères et accepta la lourde et périlleuse charge de les gouverner.

Le lendemain, Son Excellence le Nonce apostolique se faisait annoncer à la rue Oudinot et apportait au nouveau Supérieur ses vœux et ses hommages ; il était bientôt suivi de Sa Grandeur Mgr Richard, alors coadjuteur du cardinal Guibert, qui venait à son tour apporter à l'Institut ses religieuses félicitations.

II

Le Frère Joseph n'avait donc plus qu'à se mettre à la lourde tâche qui lui incombait ; ne changeant rien à ses habitudes premières de douce et aimable simplicité, il s'efforça d'être ce qu'il avait été jusque-là pour ses frères.

Ayant à visiter le troupeau qui lui était confié, qu'y a-t-il de surprenant que son cœur le poussât d'abord vers cette chère maison des Francs-Bourgeois, où s'étaient révélées sa science et sa vertu et où il avait laissé le meilleur de sa vie?...

Il lui réserva donc l'honneur de sa première visite et lui donna les prémices de sa parole, sans rien perdre cependant de ce ton paternel qui avait jadis rencontré tant de succès aux *conférences du samedi.*

« Mes enfants, leur dit-il, quand j'installai les Francs-Bourgeois, je trouvai un local qui pendant longtemps avait servi de pension. Savez-vous ce que j'y trouvai de plus curieux? Quatorze prisons ou cachots destinés aux élèves indisciplinés! »

Au sourire des jeunes gens, le Supérieur répondit :

« Aujourd'hui, l'Ecole commerciale n'a plus qu'une seule prison, c'est la chapelle, prison d'amour de Notre-Seigneur, et elle suffit pour moraliser des milliers de jeunes gens. Visitez souvent cette prison, qui est aussi près de vous, ici, mes chers amis, et vous deviendrez forts contre les penchants de votre propre nature; vous apprendrez à lutter contre les difficultés de la vie. »

Après la visite de ses maisons de Paris, le Frère Joseph crut devoir commencer ses voyages en province par un pèlerinage à Reims, au berceau du Bienheureux Fondateur de l'Institut. Au pensionnat de ses Frères, il rencontra encore un descendant de la famille de la Salle qui lui offrit, au nom de tous, le compliment de bienvenue, et le Supérieur trouva des paroles heureuses pour y répondre.

Rappelant le souvenir du Père de la famille entière, il put dire :

« Cette maison, que l'on viendra bientôt visiter comme une relique, fut le témoin des prières, des larmes et des effrayantes macérations d'un saint. »

Et se livrant à la confiance sous le vent le plus violent de la persécution, il ajoutait :

« Ne craignons rien, trop de germes de vitalité se manifestent dans notre chère Congrégation pour que nous ayons un désastre à appréhender. Dieu n'a pas l'habitude de placer l'hiver immédiatement après le printemps, et de

détruire, sans l'avoir fait servir à ses fins, une œuvre qu'il a mis deux siècles à préparer. »

Du berceau de son Institut, le Frère Joseph eut la pieuse pensée de se rendre au berceau de l'Eglise et il partit pour Rome. Léon XIII lui réserva le plus aimable accueil, s'enquit des progrès et des épreuves de l'Institut, félicita en particulier le Frère Joseph de ses écoles, mais encore plus des cercles ou patronages qui en sont la suite :

« En instruisant les enfants dans vos écoles, s'expliqua longuement le Chef de l'Eglise, vous ne faites que la première partie de votre besogne ; la seconde est aussi importante, plus importante encore s'il est possible. Car, sans les œuvres de persévérance, le long et pénible travail de l'école serait presque toujours compromis, parfois anéanti. »

Nul mieux que le Frère Joseph n'était capable d'entendre un pareil enseignement : cette idée n'avait-elle pas été le rêve de toute son existence ? N'était-ce pas à ce principe qu'il avait obéi quand après l'Ecole des Francs-Bourgeois il avait fondé le Cercle de la Jeunesse. Aussi, en écoutant le Pontife, son cœur battait bien fort et des larmes de joie coulaient de ses yeux. C'était là la meilleure récompense de toute sa vie.

De retour à Paris, le Supérieur rendit compte de son entrevue à toutes les Communautés réunies à la Maison-Mère : il le fit en termes si élevés et avec des expressions si délicatement choisies que nous sommes trop heureux de pouvoir les reproduire :

« Vous vous attendez, mes Très Chers Frères, à ce que je vous dise quelque chose de mon voyage de Rome : vous avez raison. Comme un maître, un souverain, a le droit de demander à son délégué, à son ambassadeur, de rendre compte de la mission qui lui a été confiée, de même vous avez le droit de me demander compte, à moi aussi, votre délégué, de ce que j'ai fait à Rome.

« J'ai d'abord déposé aux pieds du Souverain Pontife l'hommage de votre religieuse vénération et votre filial dévouement à la Chaire de Pierre ; j'ai affirmé au Saint-Père que tels étaient vos sentiments. Je crois avoir bien fait ma commission, et, sur ce point, j'espère que vous m'accorderez un *satisfecit*.

« En second lieu, j'ai dit au Saint-Père que vous avez

tous la ferme intention de marcher sur les traces de vos devanciers qui, depuis deux cents ans, ont consacré toutes leurs forces à donner aux enfants du peuple la connaissance et l'amour de Notre-Seigneur Jésus-Christ, le dévouement au Pape et à la sainte Eglise.

« J'ai fait enfin une troisième commission. J'ai demandé au Saint-Père de vouloir bien faire usage de sa souveraine autorité pour avancer le jour de la béatification de notre Vénérable Fondateur. Comme je me sentais le dépositaire de tous vos désirs, de toutes vos ardeurs, je dirai même de votre souhait passionné de voir arriver ce jour béni, je n'ai pas craint d'insister et d'épuiser la série des raisons qui pouvaient impressionner favorablement l'esprit du Saint-Père... »

Puis, après cet exposé, le Supérieur se laissait aller à un légitime mouvement de joie paternelle en ajoutant :

« Quand je disais, au sein des Congrégations romaines, que notre Institut compte, en ce moment, 3,000 sujets en formation, travaillant à acquérir les vertus propres à notre vocation, j'étais écouté avec des sentiments d'admiration dans lesquels se mêlait bien un peu d'envie.

« Dans ce cas l'envie n'est pas un péché capital, » ajoutait, avec son fin sourire, le cher Supérieur qui disait encore :

« Pendant que je faisais l'énumération des grâces que Dieu accorde à notre Institut, le Saint Père levait les yeux au ciel et s'écriait : « Quelle bénédiction ! Quel espoir pour la sainte Eglise ! »

« Le Pape m'a demandé si les Frères sont bien fervents, bons religieux. Je ne pouvais mentir. Je lui ai donc dit : Ils sont très fervents, Très Saint Père, et la preuve, c'est que mon embarras est réel pour faire un choix parmi le grand nombre de ceux qui sollicitent la faveur d'une retraite de trente jours.

« — Des retraites de trente jours ! a répété le Pape tout surpris.

« J'ai ajouté : Au Chapitre général, lorsque j'en ai annoncé une pour nos Frères en charge, je n'ai pu admettre tous les aspirants, et nous allons être obligés d'en commencer bientôt une autre pour ceux qui n'ont pu prendre part à la première. Tous les ans, des centaines de Frères suivent, pendant les vacances, les grands Exercices de saint Ignace.

« — Vous avez bien raison de bénir le bon Dieu, m'a dit le Saint Père; c'est par la vie religieuse que le monde méritera d'être sauvé. »

Et s'adressant aux Frères plus jeunes, le Supérieur continuait joyeusement :

« Vous auriez été vraiment fiers et glorieux, vous à qui l'amour-propre est encore permis, si vous aviez été témoins des égards que l'on avait pour l'humble Supérieur du petit Institut des Frères des Ecoles chrétiennes. On ne l'appelait que le Général du grand Institut, de l'important Institut, de l'illustre Institut. Mais, ai-je dit au Saint Père, notre Institut est la plus modeste des Congrégations ; il n'y a pas de docteurs parmi nous, nos Frères n'apprennent que ce qu'ils doivent enseigner à leurs élèves. Toutefois, si petit que soit notre Institut, il ne le cède en dévouement à aucun des Ordres les plus anciens et les plus illustres. »

Ce voyage qui avait contribué à augmenter la bienveillance du Souverain Pontife et la considération de la Cour romaine pour l'Institut des Frères, laissa dans le cœur du Supérieur les plus douces impressions et lui donna la plus ferme impulsion pour se mettre à sa tâche de gouvernement.

III

Si cette mission était pénible, toute de vigilance et de sollicitude, elle avait cependant des charmes bien doux pour le cœur du Frère Joseph.

L'humble Supérieur alla se jeter aux pieds du vieillard.

Il s'agissait de pourvoir à la conversation et au perfectionnement de l'œuvre qui lui tenait le plus au cœur : car avant d'être le père et le fondateur des Francs-Bourgeois il était le fils de l'Institut. Et comme il l'aimait, cet Institut de qui il avait tout reçu et à qui il avait tout donné : ses forces physiques et intellectuelles, sa science et ses vertus !

Aussi une note émue se glissait dans la première circulaire qu'il envoyait à tous les coins de son royaume :

« Enfant de l'Institut, il avait été, disait-il, identifié à sa vie depuis près d'un demi-siècle ; il avait tout vu, tout aimé dans la famille : il s'était agenouillé près du cercueil du vénérable et bienveillant Frère Anaclet ; il avait eu sous les yeux la longue et brillante administration du Frère Philippe ; il avait assisté à l'impulsion religieuse donnée à l'Institut par le très regretté Frère Jean-Olympe, pendant un gouvernement trop court, mais fécond ; enfin, il avait été témoin de tout ce qu'avait fait de grand le Très Honoré Frère Irlide. »

C'était bien là le meilleur noviciat, préparatoire au rôle qu'il avait désormais à remplir.

Aussi, il faut voir comme son tact sûr et son expérience des hommes le guidèrent dans le choix des sujets appelés aux charges importantes, comment il excita et surveilla adroitement le zèle des Frères chargés de la composition et de l'amélioration des livres classiques, comment il s'appliqua à répandre dans les noviciats une nouvelle ferveur et à donner à la Congrégation répandue sur tous les points du globe l'empreinte de sa direction.

Bientôt tout le monde put savoir qu'il y avait au gouvernail un pilote à l'esprit vigilant, au coup d'œil sûr, à la main prompte et ferme, quoique douce surtout.

Et cependant le chef de l'une de nos plus nombreuses et de nos plus actives familles religieuses se croyait toujours l'humble Frère de la classe de Saint-Merri.

« Quand je me vois élevé, disait-il, à la charge que le

Frère Philippe et le Frère Irlide ont faite si grande et placée si haut, la tête me tourne, et je n'y suis pas encore habitué, bien que je l'occupe déjà depuis un an. »

Ce sentiment exquis d'humilité lui inspira un jour, dans une de ses visites en province, un acte qui mérite d'être mentionné.

C'était à Toulouse ; tous les Frères de la ville s'étaient réunis au pensionnat pour saluer leur vénéré Supérieur. Or, à cette époque vivait encore le respectable Frère Adaucte, de pieuse mémoire. Le Frère Joseph connaissait la réputation d'éminente vertu de ce patriarche plus que nonagénaire, formateur d'une légion de religieux dont il avait été le guide comme Directeur des novices pendant de longues années.

Il l'aperçut confondu dans la foule des autres Frères à qui il venait d'adresser une touchante exhortation, et n'écoutant que sa foi et sa vénération, l'humble Supérieur alla se jeter aux pieds du vieillard en le priant de le bénir. Celui-ci, tout ému d'une semblable démarche, se prosterne à son tour devant le Très Honoré Frère, se défend d'avoir à remplir un tel rôle et sollicite pour lui-même sa bénédiction.

Alors le Frère Joseph relève avec bonté l'ancien Directeur du Frère Irlide et lui donne l'accolade fraternelle, en lui reprochant doucement sa résistance.

Cette scène, qui rappelait la rencontre de Paul et d'Antoine au fond des déserts de la Thébaïde, nous donne une juste idée de la foi et de l'humilité de ces grands maîtres de la jeunesse (1).

Une des œuvres qui occupa le Frère Joseph au début de son administration fut l'aménagement de la maison d'Athis que l'Institut possède au diocèse de Versailles.

A son lit de mort le Frère Irlide avait manifesté le désir de dormir son dernier sommeil sous les ombrages de cette

(1) *Notice nécrologique*, p. 138.

magnifique solitude, témoin des plus suaves méditations et des élans de ferveur de la Communauté.

Pour remplir ce vœu d'un mourant et entrer dans les désirs d'un grand nombre de ses Frères, le Supérieur résolut d'aménager en chapelle funéraire un pavillon situé à l'un des points culminants du parc. Il y fit creuser un caveau spacieux, destiné à recevoir la dépouille mortelle des trois derniers Supérieurs généraux : le Frère Philippe, le Frère Jean-Olympe et le Frère Irlide.

Deux ans plus tard, le Frère Joseph poursuivait son œuvre d'amélioration en remplaçant l'oratoire installé dans l'un des salons de l'ancien manoir par une belle et élégante chapelle destinée à recevoir les nombreux retraitants, attirés à Athis.

« Sans aucune prétention d'architecture, nous dit son biographe, le style roman, simple et sévère, donne à ce sanctuaire un cachet de recueillement et une allure mystique en parfaite harmonie avec sa destination. Le plein cintre de sa voûte aux élégantes voussures, cinq autels en pierre d'une extrême simplicité d'ornements, le pavé en mosaïque de l'enceinte sacrée, l'ameublement en chêne des stalles et des bancs, l'agencement des tribunes intérieures, la sobriété des vitraux et des grisailles, enfin la niche ajourée où trône dans une noble et sereine attitude la superbe statue de Jésus montrant son divin Cœur, tout cet ensemble où le choix des matériaux le dispute à la commodité d'accès, est couronné d'un modeste campanile, et répond de la façon la plus heureuse aux desseins de celui qui en avait conçu le projet, comme aux nécessités des retraitants. »

La bénédiction solennelle de ce sanctuaire eut lieu le 29 avril 1886 : la présence de l'évêque de Versailles donna lieu à une affluence considérable et à une cérémonie magnifique, qui fit de cette journée l'une des plus chères à l'Institut.

Le Frère Joseph acheva son œuvre en installant, dans

les sinuosités du parc un Chemin de Croix monumental dont la quatorzième station venait se terminer à l'oratoire funéraire des Supérieurs généraux.

C'était la façon la plus ingénieuse d'assurer à ces nobles ancêtres les prières de leurs fils, et de s'en réserver pour lui-même une part précieuse, car aujourd'hui c'est là qu'il dort lui aussi, le glorieux Frère Joseph, couché à côté de ses illustres devanciers les Philippe et les Irlide, attendant comme eux le jour de la glorieuse résurrection.

CHAPITRE XII

Douze ans de Généralat

Béatification du Bienheureux Jean-Baptiste de la Salle
Retraites d'Athis. — Epreuves.

I

Cette charge de la supériorité que le Frère Joseph n'avait assumée qu'en tremblant, et dont il avait tant redouté le fardeau pour ses qualités morales comme pour ses forces physiques, il devait l'exercer pendant douze longues années et n'en déposer le poids qu'avec la vie. Plus heureux que le Frère Jean-Olympe que la mort avait fauché alors qu'il liait sa première gerbe, il eut le temps d'offrir le long travail de la moisson et, depuis le Frère Philippe, nul généralat n'a égalé la durée du sien.

Que de traverses, que d'épreuves pendant ces douze ans, mais aussi que d'œuvres accomplies!... Nous ne pouvons entreprendre ici, pour nos jeunes lecteurs, le dénombrement des actes de l'administration du Frère Joseph; les grandes lignes nous suffiront pour en faire apprécier l'ensemble.

En 1884, l'affaire qui tenait le plus au cœur du Supérieur de l'Institut et de tous ses membres, était la béatification de leur pieux Fondateur et Père, le Vénérable Jean-Baptiste de la Salle.

Depuis quarante années déjà, la cause était introduite et le procès commencé en cour de Rome. Successivement le

Frère Philippe, le Frère Jean-Olympe et le Frère Irlide avaient multiplié leurs démarches pour en accélérer l'heureuse issue; suivant leur coutume, les congrégations romaines apportaient à la gravité de la cause le poids et la mesure de leur sagesse lente mais sûre. Par un suprême honneur, il était réservé à l'humble et tenace Frère Joseph de voir l'heureux couronnement de cette pieuse entreprise.

Dès son premier voyage à Rome — nous l'avons vu, — il avait entretenu Léon XIII de ses pieux désirs, et le Souverain Pontife avait agréé la demande du fils réclamant la glorification de son père : aussi dès le milieu de l'année 1885 une congrégation *antépréparatoire* se réunissait pour susciter une enquête et en examiner les résultats. L'année 1886 amenait dans la cause un nouveau progrès que le Frère Joseph accueillait par une demande de recrudescence de prières près de tous les membres de l'Institut.

Puis c'était la congrégation *préparatoire* annoncée par une nouvelle circulaire et enfin, le 24 mars 1887, l'annonce de la congrégation *générale*. On ne saurait trop admirer la sage lenteur avec laquelle l'Eglise procède dans tout procès canonique : mais, pour le postulateur d'une cause semblable, que de soucis, que de pieuses instances, que de sage ténacité il faut pour mener à bien l'entreprise et ne pas se décourager.

Le Frère Joseph était né pour remplir ce rôle : il en avait toutes les aptitudes. Le génie est une longue patience ; pénétré de la vérité de cet axiome, il procédait avec sa douceur habituelle, mais avec la persévérance qui brise les obstacles sans bruit et écarte des difficultés en apparence insurmontables.

Aussi dès les premiers mois de l'année 1887, le Supérieur général acquérait l'assurance la plus formelle de la conclusion imminente du procès canonique. Appuyé sur cette certitude qu'il communiquait à tous les siens, le Frère Joseph entreprenait lui-même la revision de la vie du Vénérable Fondateur, et suscitait dans toutes les maisons de son Ordre

« l'érection d'un monument composé des adresses de tous les districts, rédigées sous la même forme mais en toutes langues, et revêtues des signatures des Frères, de leurs élèves, des membres de leurs œuvres de persévérance et de leurs employés quels qu'ils fussent. »

On devait joindre à ces adresses les offrandes volontaires des communautés et des élèves. La somme recueillie atteignit près de 106,000 francs et le nombre des signatures parvint au chiffre de 326,082.

Au mois d'octobre de la même année, le Frère Joseph, chargé de ce précieux fardeau, reprenait le chemin de Rome pour assister à la promulgation du décret pontifical ; et le dimanche 27 novembre, dans toutes les maisons de l'Institut des Frères des Ecoles chrétiennes, le *Te Deum* d'actions de grâces annonçait à tout l'univers l'heureuse béatification du glorieux Jean-Baptiste de la Salle.

Des fêtes grandioses se célébraient à Rome, à la Maison-Mère de Paris, en l'honneur du nouveau Bienheureux ; puis les principales villes de France en répercutaient l'écho. « Les évêques, le clergé, le peuple chrétien s'unissaient à l'allégresse des Frères par des solennités pompeuses et touchantes. Les feuilles publiques, les revues religieuses, les recueils particuliers en faisaient connaître les détails; l'éloquence des orateurs sacrés les plus illustres, les œuvres musicales des grands maîtres, les décorations, les chants, les poésies reproduits dans des pages innombrables, s'élevaient comme un témoignage de l'heureux évènement qui mettait le comble à de séculaires espérances. »

Dans toutes ces fêtes on se disputa l'honneur de posséder le Supérieur général des Frères des Ecoles chrétiennes, et l'humble Frère Joseph eut à multiplier sa présence pour satisfaire à toutes les demandes. Partout il parut avec l'aimable dignité qui lui allait si bien sous son modeste habit — qu'il portait, a-t-on dit, comme un costume de prélat ; — et partout on le vit simple, bon, modeste et religieux exemplaire.

Suscitant dans toutes ses maisons les pieuses démonstrations, il prit soin d'en écarter tout ce qui ressemblerait « à une recherche exclusive d'apparat, de vain bruit, d'ostentation ou d'éclat mondain. » Partout, lui-même fut le premier à donner l'exemple de cette sage conduite.

A Autun, le cardinal Perraud exprima le désir, après beaucoup d'autres évêques, de posséder le Frère Joseph au moment des solennités organisées par ses soins, et il l'invita avec de douces instances à accepter l'hospitalité de son palais. Le Frère Joseph répondit au prince de l'Eglise par ces lignes pleines de sa délicatesse ordinaire :

« Mgr l'Evêque d'Autun voudra bien permettre au Supérieur général des Frères d'en appeler du trop bienveillant Prélat au Supérieur général de l'Oratoire, pour lui demander d'observer la règle de son Institut et de descendre chez nos Frères. »

Le cardinal, profondément édifié, ne put que souscrire au désir du fervent religieux. C'est cette humilité constante que toute la France fut à même de constater en la personne du chef de l'Institut des Frères. Cette vertu au reste, on le sait, n'était pas un ornement de surface; chez le Frère Joseph elle reposait sur les bases solides d'une vie éminemment religieuse.

« Depuis que l'on m'a fait quelque chose comme un petit personnage, écrivait-il à un ami, je ne suis plus libre dans mes allures. Je ressemble au jeune David que Saül avait affublé de ses armes royales. Plus heureux que moi, il put s'en débarrasser pour reprendre sa fronde et son bâton. Priez pour votre vieil ami, tout à fait mal à l'aise dans une situation fort au-dessus de sa taille et de ses forces, et qui voudrait *bien voir en des mains plus fermes les intérêts* du grand Institut illustré par le Frère Philippe. »

Une autre fois il s'exprimait d'une façon également ingénieuse sur le supplice que lui faisaient endurer les compliments.

« Combien de fois, durant cette dernière année, ne m'a-t-on pas jeté en pleine figure que j'étais le *digne* successeur

Le Bienheureux J.-B. de la Salle.

du Bienheureux de la Salle ! Ceux qui me lançaient ce lourd pavé ne se doutaient pas de la souffrance que j'endure en mesurant l'abîme qui existe entre ce que je devrais être et ce que je suis réellement.

« Avez-vous connu des personnes nées, comme on dit, sous une mauvaise étoile, et qui, victimes de préventions, vivent et meurent méconnues, sans estime ni affection ? Eh bien ! je connais quelqu'un dont l'existence se passe sous l'influence du même phènomène, mais dans un sens contraire, ce qui est moins pénible au cœur, mais non moins fécond en conséquences funestes et dangereuses pour les situations écrasantes imposées à des épaules trop faibles pour les porter. »

C'est précisément par ce redoublement d'humilité que le Frère Joseph se rendait digne de continuer l'œuvre commencée par son Bienheureux Père.

II

En 1888, l'Institut des Frères fêtait l'anniversaire de l'élection de son Supérieur général en prenant possession du magnifique établissement créé par la générosité de Madame la duchesse de Galliera, à Fleury-Meudon.

« Sur ce point culminant des environs de Paris, l'opulente fondatrice avait voulu, dans un sentiment de pieuse et presque excessive largesse, élever un *palais* pour les orphelins abandonnés : elle y jeta des millions. C'était un asile, abondamment pourvu et richement doté, où trois cents jeunes orphelins devaient recevoir, sous la direction des Frères, l'éducation chrétienne et l'instruction professionnelle.

Une pensée non moins délicate fut inspirée par la charité à la noble duchesse. Au bas de la colline où s'élève le splendide orphelinat, elle fit construire une élégante et spacieuse chapelle, adossée à un autre édifice des plus confortablement aménagé en faveur des vénérables Frères anciens, auxquels une centaine de chambres fort commodes et tous les locaux de service nécessaires offraient les conditions les plus avantageuses de solitude, de repos et de bon air, pour les derniers jours de leur existence (1). »

Mais avant de songer à étendre plus loin les frontières de son domaine et à créer des établissements nouveaux, l'esprit du Supérieur s'ingéniait surtout à améliorer ceux qui existaient déjà et à y développer les sentiments religieux.

Docile aux instructions de Léon XIII et fidèle à la ligne de conduite adoptée dès ses jeunes années d'enseignement, le Frère Joseph s'occupait avant tout des œuvres de persévérance.

Pour assurer chez les adolescents que les exigences de la vie appelaient à mettre un terme prématuré à leur instruction, pour maintenir les jeunes gens ayant achevé leurs études dans les généreuses dispositions qui les animaient jusqu'alors, le Frère Joseph eut la pensée heureuse et féconde d'instituer, dans la superbe solitude d'Athis, des retraites, dites de fin d'études.

On ne peut s'imaginer le bien produit par ces récollections à l'entrée dans une vie nouvelle : bien des jeunes gens ont puisé dans ces dernières méditations la force suffisante pour orienter définitivement leur vie vers le bien. Et depuis, beaucoup de collèges et de pensionnats ont imité cet heureux exemple.

A quelques années de là, le Frère Joseph, constatant les fruits précieux de ces retraites, s'écriait :

« Rien de plus avantageux aux âmes, après la création du Cercle, n'a été tenté chez nous. »

L'heureux Supérieur ne se trompait pas ; et les retraites d'Athis sont le second fleuron à ajouter à la couronne du

(1) *Notice*, p. 154.

fondateur des Francs-Bourgeois. Arrêtons-nous donc un instant à en étudier l'organisation.

Dès 1883, n'étant encore qu'Assistant du Frère Irlide, le Frère Joseph avait sollicité du Supérieur général l'autorisation de tenter l'essai d'une retraite de trois jours, pour les jeunes gens faisant partie de l'Association de Saint Benoît-Joseph Labre. Le 27 septembre, pour la première fois, quatorze jeunes gens, l'élite de l'Association, se rendaient à Athis pour participer à cette faveur spirituelle.

Le *Bulletin des Œuvres,* par la plume de M. Paguelle de Follenay, fait ainsi allusion à ces origines ;

« Le Frère Joseph a été, entre les mains de Dieu, un instrument providentiel. C'est lui, jeunes gens, qui vous a ouvert cet asile dont vous avez si bien profité... La tentative était audacieuse, car pourrait-on trouver dans Paris trente ou quarante jeunes gens déterminés, acceptant de faire une retraite fermée ? L'œuvre pourrait-elle durer?... »

Elle dura si bien que voilà quatorze ans que ces retraites ont lieu sans interruption, chaque année augmentant progressivement le nombre des retraitants. Les quatorze du début étaient quarante à la fin de la première année et en 1896, leur nombre s'élevait jusqu'à neuf cent un. Ce qui porte le chiffre total des retraitants à plus de 9,000 aujourd'hui.

Nous pouvons bien dire, ajoute le *Bulletin, digitus Dei est hic !* le doigt de Dieu est là ! « Si le Frère Joseph a établi cette audacieuse fondation, c'est qu'il entendait dans son cœur les invitations secrètes de Dieu, arrivant doucement et fortement à ses fins, *suaviter et fortiter.* »

De plus, l'Œuvre des Retraites a donné naissance à tout un mouvement de généreux enthousiasme. De l'œuvre d'Athis sont nés le Syndicat chrétien, les petites Conférences de Saint-Vincent de Paul qui existent maintenant dans presque tous les patronages. On peut donc dire que cette fondation a été très grande en elle-même par ses résultats intimes, très grande par ses résultats extérieurs.

Le même *Bulletin*, dans un autre article, revient encore sur le rôle du Frère Joseph en cette œuvre ; on y lit ces lignes :

« Ce sont vos âmes qu'il aimait, chers jeunes gens des œuvres de Paris ; c'est pour leur profit spirituel qu'il suscitait ces réunions tour à tour pieuses et joyeuses, où lui-même parfois apportait la gaieté saine et fortifiante de sa présence toujours enviée ; c'est pour vos âmes qu'il a créé, aménagé, embelli avec une évidente prédilection cette maison d'Athis, où il contemplait, avec une indicible émotion, souvent trahie par ses larmes, vos groupes recueillis dans le silence, l'adoration, la prière, la lecture ou la méditation des vérités éternelles.

« Parfois il se prenait à comparer votre attitude sérieuse à celle de ses Frères en retraite dans une autre partie de l'enclos béni, et son cœur hésitait à décerner la palme de la ferveur. Souvent aussi, derrière les taillis verdoyants, il suivait avec vous les stations du chemin de la Croix, et vous retrouvait dans cette chapelle funéraire, où il avait passé de longs moments, agenouillé près de la tombe, préparée par lui à ses trois prédécesseurs, et les yeux fixés à la place où son propre nom devait s'inscrire en lettres blanches sur la dalle de marbre noir. »

Chaque fois qu'une de ces retraites était annoncée, le Frère Joseph, s'il était à Paris, trouvait le moyen de se dérober à ses occupations, ne fût-ce que quelques heures, pour accourir à Athis. « Ces jours-là, dit un témoin, étaient pour lui des jours de fête. Nous le voyions pénétrer dans la chapelle ou cheminer à travers les allées du parc, courbé par l'âge, le visage creusé par la fatigue et les angoisses, mais avec un bon sourire sur les lèvres et un éclair de joie dans les yeux. Ses regards se reposaient avec tendresse sur nos jeunes gens, et, nous prenant à part, il nous disait avec un tremblement dans la voix : « Comme ils sont recueillis ! comme ils prient ! Que cette période de la vie est donc belle, quand elle est chrétienne ! Ce spectacle fait du bien (1). »

Et quand les devoirs de sa charge entraînaient le Supérieur aux extrémités de la France, il n'oubliait pas encore ses chers retraitants et leur envoyait des lettres comme celle-ci :

« ... Une nouvelle augmente mon regret d'être si loin. Une trentaine d'entre vous vont ce soir à Athis, pour y faire une retraite de trois jours. Ah ! mes chers enfants, cette nouvelle émeut jusqu'aux larmes mon vieux cœur de père des Francs-Bourgeois. Quelle féconde entreprise ! Quel précieux couronnement de votre chrétienne éducation !...

« Pendant ces trois jours, sainte veille des armes avant de vous élancer sur le champ de bataille où vous aurez tant à combattre, vous allez attirer le secours de Dieu par la prière, armer vos âmes par la méditation, fortifier vos cœurs par des résolutions généreuses. Ce moment d'arrêt, sur le point d'entrer dans la lice, vous permettra de vous présenter fortement et virilement préparés. Vous vous exercerez même à vous remettre immédiatement en selle, lorsque, ce qui est inévitable, vous aurez été désarçonnés. »

Et le vieillard, déjà un pied dans la tombe, lance ce cri de vaillance qu'on n'entend pas sans frémir : « Que je voudrais rajeunir de trente ans, pour mener au combat des soldats si bien disposés ! Quelle œuvre vous ferez !... Pendant ces trois jours, je suis de cœur et d'âme avec vous. Que Dieu vous bénisse, chers et courageux enfants ! »

Comme, en ces lignes, on sent battre le cœur de l'apôtre de la jeunesse !... de celui qui a donné toute sa vie pour elle et voudrait lui donner plus encore, parce qu'il l'aime d'une vraie passion.

(1) M. Paguelle de Follenay.

C'est lui, c'est le Frère Joseph qui a écrit cette phrase destinée à embaumer l'âme de tout éducateur :

« Pour moi, un cœur d'adolescent qui se préserve du mal, qui se nourrit des nobles et vertueuses aspirations qu'inspire la foi, est le bouquet le plus parfumé. »

Et à ces mots écrits au milieu des soucis du Généralat, le Supérieur ajoutait :

« J'ai comme la tentation de regretter les jours heureux où il m'était permis de cultiver ces chères et précieuses fleurs du jardin de Dieu ! »

II

Hélas ! en effet les jours heureux pour le Frère Joseph n'étaient plus que les jours du passé. A chaque heure désormais, s'aggravaient pour lui les anxiétés de sa charge.

Une loi plus perfide encore que toutes celles déjà élaborées par la franc-maçonnerie allait s'attaquer à l'Institut pour essayer de tarir la source féconde de ses membres. La loi militaire, sous un prétexte d'égalité, allait s'efforcer de briser, au début de leur vie religieuse, les aspirations et les efforts des jeunes Frères et jeter l'angoisse dans le cœur du Supérieur.

Pilote vigilant, celui-ci a déjà prévu la tempête et essayé d'en atténuer les suites ; mais toute son adresse et son ardeur restent souvent impuissantes ; il n'a plus d'autre recours que l'abandon à la Providence. C'est alors qu'il sollicite les nouveaux efforts de ses Frères et écrit à toute sa famille religieuse :

« Une épreuve telle que l'Institut n'en a point encore connu, vient nous assaillir, intense, douloureuse ; elle nous atteint au plus intime de l'âme. Voulons-nous en abréger la durée, en prévenir les désastreux effets, obtenir du Seigneur un vrai miracle de sa grâce et de sa miséricorde ?

Prions, humilions-nous, renouvelons-nous de plus en plus dans les observances de nos saintes Règles. »

Puis, s'adressant à ceux que vise particulièrement la loi scélérate, ce père au cœur tendre leur trace une ligne de conduite pour neutraliser l'effet de leur éloignement temporaire. Il faut voir de quelle vigilance il entoure ces Benjamins de la famille.

« Quant à vous, jeunes Frères, enfants bien-aimés de l'Institut, leur dit-il, vous que nous avons vus avec tant de joie grandir et se former dans nos noviciats, dans nos scolasticats, et dont les débuts nous ont donné déjà les plus douces espérances, vous qui êtes l'objet spécial de nos prédilections, on veut vous ravir à notre tendresse, vous arracher à la famille qui vous a reçus dans son sein, à ces milliers de petits pauvres à qui vous apprenez à aimer, à servir Jésus. Nous ne vous disons pas toutes les amertumes de notre cœur de père, toutes les larmes que nous versons à la pensée d'une séparation qui, bien que momentanée, bien qu'apparente seulement, ne laisse pas que de déchirer cruellement notre âme. »

Puis viennent les considérations les plus élevées et les conseils les plus sages. On peut affirmer que nulle autre épreuve ne fut plus sensible au cœur du Frère Joseph; aussi la maladie, que jusqu'alors il avait pu écarter par un régime sévère, vint bientôt le contraindre à limiter les efforts de son zèle.

« Depuis plusieurs mois, écrit-il en 1893, la fatigue intellectuelle s'est aggravée... Je me trouve condamné à une vie de gouvernement et d'administration qui m'écrase, comme un fardeau pour lequel mes épaules n'étaient pas faites... Il en sera ce que Dieu permettra. »

Aussi quand l'année suivante amena la convocation d'un nouveau Chapitre général, le Frère Joseph s'apprêta à reprendre sa liberté, espérant que l'Assemblée entrerait dans ses vues en estimant « qu'il n'était pas convenable de laisser à la tête de l'Institut un homme usé. »

En effet dans cette constitution qui était toujours restée débile, l'anémie avait fait de prodigieux ravages : le visage était devenu d'une pâleur de marbre qui disait à tous les souffrances intérieures endurées par le Frère Joseph. Il est vrai que l'intelligence avait gardé toute sa lucidité, mais le Supérieur ne pouvait plus donner au travail personnel les longues heures qui avaient absorbé toute son existence. Le Frère Joseph arrivait à la soixante-douzième année d'une vie bien remplie ; il semblait qu'il avait droit au repos.

Cependant ses frères n'en jugèrent pas ainsi, ou du moins pensant « que les prières et les souffrances de ce père bien-aimé étaient aussi utiles à l'Institut que les labeurs personnels qu'il se plaignait de ne pouvoir accomplir avec le même entrain qu'autrefois, » ils estimèrent sa présence nécessaire et écartèrent la demande de démission.

Cependant pour garder à sa tête le précieux Frère Joseph et en même temps pour alléger le poids de la supériorité, le Chapitre lui adjoignit deux nouveaux Assistants.

Au reste, écrit son biographe, « le vénéré Supérieur, par une grâce manifeste de la bonté divine, présida les travaux du Chapitre général avec un entrain et une compétence remarqués de tous. L'exposé qu'il eut à faire de la situation de l'Institut, la manière aussi claire que précise dont il résuma les principales phases de la persécution qui, en divers pays, continuait à sévir contre les Frères, notamment la douloureuse épreuve des lois militaires, les actions de grâces qu'il était si heureux d'adresser au Ciel pour les bienfaits insignes qui en formaient le providentiel contrepoids, surtout la béatification du glorieux Fondateur, la joie profonde avec laquelle il signala le développement des maisons de formation, l'augmentation du nombre des novices, le bon esprit des communautés, l'accroissement de l'esprit chrétien dans les œuvres de persévérance, enfin la consolante statistique dont il couronna ce tableau général, montrèrent combien était active la sollicitude du Frère Joseph et révélèrent tout ce qu'il y avait encore d'énergie dans sa grande âme, malgré le poids des années et l'influence fâcheuse des adversités qui avaient accablé son administration (1). »

Deux ans encore le vaillant Supérieur allait rester sur la brèche, luttant toujours avec fermeté contre la tempête devenue de plus en plus menaçante. Avec l'année 1895, ce fut la loi *d'abonnement* qui vint le jeter dans de nouvelles perplexités.

Le Supérieur général pria, fit prier, étudia la loi sous toutes ses formes, consulta autour de lui, demanda avis jusqu'à la cour romaine ; puis, fort de sa conscience et de ses lumières, il agit dans toute la plénitude de ses droits pour le meilleur intérêt de l'Institut.

Mais cet effort ne se fit pas sans une recrudescence de fatigues et d'anxiétés ; aussi ce devait être le dernier. Le moment était venu pour le Frère Joseph de déposer sa charge. parce que le moment était venu de dire adieu à la vie et d'aller recevoir sa récompense.

(1) Le développement de l'Institut et de ses écoles était la plus chère ambition du Frère Joseph ; à cet égard comme à tous les autres, ses vertus attirèrent sur sa Congrégation les bénédictions d'En Haut. Quand, en 1884, il prit la direction générale de l'Institut, on y comptait 12,000 Frères et 300,000 élèves. Malgré les difficultés et les épreuves que nous traversons, le nombre des Frères est aujourd'hui de 15,000 et celui des élèves de 350,000.

———

CHAPITRE XIII

Maladie et Mort

Séjour à Arcachon. — Derniers Moments. — Funérailles.

I

Nous arrivons au terme de cette rapide esquisse biographique, et il ne nous reste plus qu'à dire comment tomba au poste d'honneur celui que nous avons vu si vaillant dans la mêlée.

Le vénéré Supérieur avait achevé sa douzième année de Généralat ; il y avait soixante ans qu'il était entré dans l'Institut comme petit novice, et plus de soixante-treize qu'il avait vu le jour.

Le 25 octobre 1896, une dernière cérémonie le ramena à son bien-aimé Cercle des Francs-Bourgeois ; c'était bien là qu'il devait paraître pour la dernière fois comme Supérieur.

Suivons-le donc dans cette visite suprême où les moindres détails prennent de l'intérêt.

D'un pas encore alerte, il était monté jusqu'au grand salon du Cercle où se trouvait réunie l'élite de ses anciens élèves et amis. Puis on était passé au réfectoire où un dîner de famille avait suivi.

A la fin du repas, le Frère Joseph, sentant sans doute que c'était la dernière fois qu'il revoyait sa chère maison, se laissa aller à un entretien familier ; s'adressant aux plus jeunes, il les exhorta à être les continuateurs des apostoliques traditions de l'établissement.

« Vous ne savez pas vous autres, leur dit-il, comment cette maison commença. Il y a bien longtemps, déjà plus de cinquante ans (que cela nous fait vieux !), nous allions conduire nos élèves du carré Saint-Martin, le dimanche, à la messe de Notre-Dame des Champs, en même temps que ceux des écoles laïques ; car à cette époque on conduisait tous les enfants à l'église.

« Les élèves des Frères occupaient un côté de la nef, les écoles laïques, les petites pensions, nombreuses alors, se mettaient de l'autre côté. Les professeurs amenaient leurs élèves, puis la plupart sortaient et allaient les attendre au café !

« Cet abandon attristait le cœur d'un jeune Frère témoin de cette coupable indifférence ; il se disait que si l'on pouvait organiser une école où les enfants de la classe aisée, bourgeois ou commerçants, trouvassent une instruction un peu plus complète que dans les écoles communales et une éducation plus soignée, on sauverait sans doute beaucoup de ces pauvres âmes. »

Et le Frère Joseph poursuivait ainsi, sans se nommer, l'historique de son œuvre : sauf ce dernier détail d'humilité, ne croirait-on pas un père à sa dernière heure repassant devant ses enfants l'histoire de sa vie, leur montrant la gloire et l'honneur de la famille qu'il les charge de défendre avec le même zèle que lui-même a déployé.

Le Supérieur parla ainsi, laissant s'écouler les heures, et passant en revue les noms de tous ceux qui lui avaient prêté leur concours et qui maintenant n'étaient plus. En ces précieux instants, il lui semblait revivre toutes ses belles années d'autrefois, et avec la mélancolie de tout ce qui s'achève, il s'abandonnait à ses souvenirs, évoquant les travaux, les luttes, les souffrances et aussi les consolations et les joies de cette chère maison.

Hélas ! c'était bien l'adieu suprême. Rentré à la Maison-Mère, une fièvre assez forte se déclara, avec une faiblesse qui annonçait les pires extrémités. Le médecin se rappelant que jadis un séjour à Arcachon avait été profitable à la santé du Frère Joseph, indiqua ce moyen comme le seul capable de ramener les forces, et le départ pour cette station hivernale fut décidé.

On était au 11 novembre et la température se montrait trop rigoureuse pour permettre les promenades ; le malade

dut garder la chambre qu'il ne quittait que pour aller rendre à la chapelle des visites multipliées.

En dehors de la prière, le reste de la journée se passait à la correspondance qui lui permettait encore de s'occuper de l'administration de son cher Institut. C'est ainsi que le 20 novembre, il écrivait au Frère Directeur des Francs-Bourgeois :

« C'est demain l'anniversaire de la fondation du demi-pensionnat. Le pauvre exilé malade et fiévreux a de longs loisirs et de longues insomnies. Quelle place tient dans mes pensées le souvenir de mes trente années des Francs-Bourgeois ! Je les revois toutes, ces années, et les chères âmes que j'y ai connues et aimées en Dieu et pour Dieu, sont les compagnes invisibles mais bienvenues de ma solitude.

« Mes vaillants et généreux compagnons dans le travail de l'éducation chrétienne, les prêtres zélés et apostoliques que Dieu nous a donnés, les pieux et innocents enfants de nos classes et de nos Congrégations, les jeunes gens à l'âme vaillante et forte qui fondèrent le Cercle et y créèrent ces traditions de vie chrétienne, tout cela, tous ceux-là me visitent et me parlent d'un passé qui fut heureux pour ma jeunesse et mon âge mûr... qui est un doux et cher souvenir pour ma vieillesse usée et maladive... Oh ! ces âmes, je les retrouverai au ciel vers lequel je me suis efforcé d'aimanter leur vie.

« Demain faites prier vos frères et vos enfants pour un bien affectionné et bien ancien Franc-Bourgeois. »

Ce fut là une des dernières lettres du Frère Joseph, une page de plus ajoutée au testament de son amour ; puis bientôt sa faiblesse eut assez de converser avec Dieu par la prière.

Les forces diminuant de plus en plus, il s'aperçut de la gravité de son état et demanda à retourner à Paris pour mourir à la Maison-Mère dans sa chambre de Supérieur.

Il était déjà trop tard !.... les médecins déclarèrent le voyage impossible. Bien que cette nouvelle fût pour le malade toute une révélation, il l'accueillit avec le calme et la sérénité qui avaient été les marques distinctives de toute son existence. Les personnes qui l'approchèrent à ces dernières heures ne pouvaient retenir leur admiration devant cette parfaite résignation et distinction de manières.

Le 21 décembre, le docteur Bonal déclarait :

« Le cher Frère Supérieur décline visiblement, et son

existence semble s'avancer vers un terme peu éloigné... C'est une belle existence qui se termine, car jusque dans la maladie, votre Supérieur se montre un homme distingué, de grand air, ayant une merveilleuse et noble aisance. Dieu l'appelle, qu'il aille à lui! Il n'est plus même possible, dans l'état actuel, de désirer pour le malade la prolongation de la vie... »

En effet des indices non équivoques d'une affection cancéreuse au pylore rendaient impossible une prolongation de l'existence.

II

A partir de cet instant, le Frère Joseph fut uniquement préoccupé de se préparer à recevoir la grande visiteuse qui allait venir.

Etendu sur son lit de souffrances, on voyait ses lèvres s'agiter continuellement sous l'inspiration d'une prière non interrompue, les grains de son chapelet roulaient sans cesse dans ses doigts amaigris et diaphanes et le malade sollicitait de ses Frères le service de lui faire à haute voix des lectures pieuses.

Souvent on l'entendait murmurer cette oraison jaculatoire qui lui était familière :

« Seigneur, je veux tout ce que vous voulez ; je le veux parce que vous le voulez, comme vous le voulez, tant que vous le voulez. »

Quand on lui apporta la sainte communion, l'un des Frères qui l'assistait à ses derniers moments voulut lui suggérer quelques actes d'amour de Dieu. Le cher malade reprit aussitôt :

« Oui, j'aime Jésus ; c'est pour son amour que j'ai tant

travaillé à lui former, à lui conserver des cœurs d'enfants et de jeunes gens bien purs ! »

Puis, ses forces diminuant sensiblement, le premier Assistant accourut pour recevoir le dernier souffle de ce Père bien-aimé ; une dernière fois, il lui parla de l'Institut, lui rappela les œuvres principales de sa féconde carrière et lui demanda quels étaient ses désirs pour l'avenir... Les lèvres du mourant s'entr'ouvrirent encore une fois et laissèrent tomber ces admirables paroles :

« *Qué l'on fasse mieux que moi !*.... ce ne sera pas difficile !... »

A partir de cet instant, l'agonie commença ; on était au jeudi, 31 décembre. Le lendemain vers une heure, le mourant releva soudain la tête, les yeux s'ouvrirent, fixèrent un point de l'appartement et prirent une expression de bonheur et de ravissement.

Quelques minutes après ils se refermaient doucement, la bouche esquissait un dernier sourire..... le Frère Joseph avait cessé de vivre.

Le corps du regretté Supérieur, dit un témoin, fut aussitôt revêtu de ses habits religieux et exposé en chapelle ardente ; son aspect était tranquille et reposé, sans que rien dans son attitude et sur sa physionomie rappelât les luttes de l'agonie et les ravages de la souffrance ; ses mains, jointes sur la poitrine, tenaient son chapelet et son crucifix ; ses cheveux argentés encadraient son beau visage, et ses yeux fermés indiquaient plutôt un sommeil paisible que l'extinction de la vie. Presque aussitôt commencèrent les pieuses visites des habitants d'Arcachon, qui durèrent pendant deux jours, jusqu'à l'heure des funérailles. Beaucoup de ces braves gens faisaient toucher au corps, par dévotion, des chapelets et d'autres objets de piété. Nombre de jeunes gens surtout s'empressaient de lui baiser les pieds. »

III

Le 4 janvier eut lieu, à Arcachon, la première cérémonie funèbre pour le repos de l'âme du Très Honoré Frère Joseph.

Sur un char très simple, sans couronnes, sans fleurs, orné seulement d'écussons aux initiales du défunt, était porté le cercueil recouvert d'un drap blanc sur lequel on avait placé un crucifix.

Précédé de tous les enfants des écoles religieuses d'Arcachon, le char était suivi des Assistants et des Frères délégués par la maison de Paris. Au deuil de l'Institut s'étaient jointes beaucoup de personnes venues de Bordeaux et toute la colonie en villégiature à Arcachon.

Le cardinal Lecot avait tenu à présider les obsèques et à donner à l'humble Supérieur général cette marque de haute estime. A la fin de la cérémonie, il prononça quelques paroles pour faire l'éloge funèbre « de cet homme, grand et modeste, qui, durant trois quarts de siècle, fut un exemple vivant. »

C'est au milieu des désastres de 1870 que Son Eminence avait lié connaissance avec le Frère Joseph. Pénétrant cette âme d'apôtre, il en avait remarqué les qualités inestimables, la vive intelligence, la haute vertu, le grand cœur, et avait prédit les belles destinées qui lui étaient réservées dans l'Institut des Frères.

D'Arcachon, la dépouille mortelle fut transportée à la Maison-Mère et reçut les hommages d'un public fort nombreux. Sur le registre d'inscriptions, on relève les noms les plus connus du monde religieux, politique et académique.

C'est le Nonce apostolique, puis Mgr Péchenard, de l'Institut catholique, le général Tournier, au nom du Président de la République, M. Bayet, Directeur général de l'Enseignement primaire, M. Gréard, vice-recteur de l'Académie de Paris, M. Sacquin, au nom du ministre de l'Instruction publique, etc., etc...

Le jeudi, 7 janvier, sur un modeste corbillard de 7e classe, le corps était porté à l'église Saint-François-Xavier, la paroisse de la Maison-Mère des Frères, où devait se célébrer un second service funèbre.

Là encore ni ostentation, ni apparat, mais un cortège d'amis et de notabilités qui emplissent la nef et les bas-côtés, au point de rendre la circulation impossible.

C'est le cardinal Richard qui préside et Mgr Péchenard qui chante la messe; puis sur le caveau provisoire où le corps est déposé, plus de deux mille personnes viennent rendre le dernier hommage de l'aspersion de l'eau bénite.

Le lendemain, un fourgon des pompes funèbres transportait les restes du Frère Joseph à Athis, qui devait être sa demeure définitive : c'est là aux côtés des ses nobles prédécesseurs que le vénéré Supérieur allait dormir son dernier sommeil.

Et maintenant, dirons-nous avec un de ceux qui l'ont le mieux connu, « il est là couché dans sa tombe, dans cette chapelle funèbre qu'il s'est plu à parer de son luxe austère, et où souvent il a fléchi les genoux devant la place qui est la sienne, pour toujours. Il dort, comme il l'avait désiré et prévu, au fond de ce bosquet touffu où il recommandait qu'on laissât en paix grandir les arbustes et chanter les oiseaux, car cette âme toute parfumée d'innocence, comme celle d'un François d'Assise, avait des tendresses et des attentions pour tout ce qui est simple et bon ; ce Supérieur général d'un des plus grands Instituts religieux du monde ne passait pas devant un serviteur sans lui adresser un mot d'amitié, devant un enfant sans lui sourire, devant un chien sans le flatter. On pourrait dire de lui ce que saint Paul a écrit de Jésus : *Apparuit... benignitas* (1). »

Tel est le trait final qui peint le mieux ce grand éducateur, ce grand ami de la jeunesse ; il vivra, son doux sourire, dans l'âme de tous ceux qui ont eu le bonheur de recevoir ses leçons et ses conseils ; puisse-t-il rayonner encore sur ceux qui lisent ces pages et leur faire aimer à la suite du Frère Joseph, ce qui est grand, ce qui est noble, ce qui est beau !...

(1) M. Paguelle de Follenay.

TABLE DES MATIÈRES

Abbeville. — Imprimerie C. Paillart.

www.ingramcontent.com/pod-product-compliance
Ingram Content Group UK Ltd.
Pitfield, Milton Keynes, MK11 3LW, UK
UKHW021152260726
13994UKWH00001B/413

9 782329 049571